市场营销与营销创新实践研究

张深林 于 靓 杜 超 著

中国华侨出版社
·北京·

图书在版编目(CIP)数据

市场营销与营销创新实践研究/张深林,于靓,杜超著. — 北京:中国华侨出版社,2021.9
ISBN 978-7-5113-8571-0

Ⅰ.①市… Ⅱ.①张… ②于… ③杜… Ⅲ.①市场营销学－研究 Ⅳ.①F713.50

中国版本图书馆 CIP 数据核字(2021)第 143371 号

市场营销与营销创新实践研究

著　　者 / 张深林　于　靓　杜　超
责任编辑 / 高文喆　桑梦娟
装帧设计 / 中图时代
文字编辑 / 秦丽瑶
经　　销 / 新华书店
印　　刷 / 三河市嵩川印刷有限公司
开　　本 / 710 毫米×1000 毫米　1/16　　印　张 / 13.25　　字　数 / 220 千字
版　　次 / 2021 年 9 月第 1 版　　　　　　印　次 / 2022 年 1 月第 1 次印刷
书　　号 / ISBN 978-7-5113-8571-0
定　　价 / 58.00 元

中国华侨出版社　　北京市朝阳区西坝河东里 77 号楼底商 5 号　　邮编:100028
发 行 部:(010)64443051　　传　　真:(010)64439708
网　　址:www.oveaschin.com　　E - mail:oveaschin@sina.com

如果发现印装质量问题,影响阅读,请与印刷厂联系调换。

目　录

第一章　市场营销学概述 ··· 1
第一节　市场与市场营销的概念 ································· 1
第二节　市场营销观念及其演变 ································· 5
第三节　市场营销组合的演变 ····································· 7

第二章　营销策划的内涵与流程 ································ 11
第一节　营销策划的内涵 ··· 11
第二节　营销策划的方法和步骤 ································· 19
第三节　营销策划的内容 ··· 22
第四节　营销策划的特点 ··· 25
第五节　营销策划的发展 ··· 26

第三章　营销策划书的撰写 ·· 28
第一节　营销策划书的框架设计 ································· 28
第二节　营销策划书的撰写 ··· 30

第四章　市场营销环境分析 ·· 37
第一节　市场营销环境的概念及特点 ···························· 37
第二节　市场营销环境宏观分析 ································· 38
第三节　市场营销微观环境分析 ································· 47
第四节　市场营销环境分析 ··· 49

第五章　消费者市场与生产者市场的关系 ···················· 55
第一节　消费者市场 ··· 55
第二节　生产者市场 ··· 68

第六章　市场营销调研与预测 ···································· 74
第一节　市场营销调研 ·· 74
第二节　市场营销预测 ·· 85

第七章　目标市场营销策略 ·· 89
第一节　市场细分 ·· 89

第二节　目标市场选择 …………………………………………………… 95
　　第三节　市场定位 ………………………………………………………… 97
　　第四节　竞争战略的一般形式 …………………………………………… 101
　　第五节　市场竞争战略 …………………………………………………… 103
第八章　产品营销策略 ………………………………………………………… 107
　　第一节　产品及产品分类 ………………………………………………… 107
　　第二节　产品组合 ………………………………………………………… 108
　　第三节　产品生命周期 …………………………………………………… 110
　　第四节　新产品开发 ……………………………………………………… 114
　　第五节　品牌策略 ………………………………………………………… 116
　　第六节　包装策略 ………………………………………………………… 121
第九章　营销价格策略 ………………………………………………………… 124
　　第一节　产品定价的因素 ………………………………………………… 124
　　第二节　产品定价的计算方法 …………………………………………… 126
　　第三节　产品定价的策略 ………………………………………………… 129
　　第四节　营销中的价格调整 ……………………………………………… 134
第十章　营销中的分销策略 …………………………………………………… 139
　　第一节　分销渠道的概念 ………………………………………………… 139
　　第二节　分销渠道的管理 ………………………………………………… 142
第十一章　市场营销中的促销策略 …………………………………………… 148
　　第一节　营销中的促销与促销组合 ……………………………………… 148
　　第二节　人员推销的管理 ………………………………………………… 153
　　第三节　营销中心的广告策略 …………………………………………… 160
　　第四节　营业推广 ………………………………………………………… 165
　　第五节　公共关系 ………………………………………………………… 169
第十二章　市场营销的创新实践 ……………………………………………… 173
　　第一节　整合营销 ………………………………………………………… 173
　　第二节　网络营销 ………………………………………………………… 176
　　第三节　服务营销 ………………………………………………………… 181
　　第四节　关系营销 ………………………………………………………… 185
　　第五节　绿色营销 ………………………………………………………… 188

第六节	体验营销	191
第七节	文化营销	196
第八节	口碑营销	198
第九节	概念营销	202

参考文献 ………………………………………………………………… 206

第一章 市场营销学概述

第一节 市场与市场营销的概念

市场营销在一般意义上可理解为与市场有关的各类活动。因此,我们首先要了解市场及相关概念。

一、市场及相关概念

在日常生活中,人们习惯将市场看作买卖的场所,这是一个时间和空间的市场概念。

市场是由那些具有特定需要或欲望,并且愿意通过交换来满足这种需要或欲望的全部潜在顾客构成。构成市场的三要素:

$$市场 = 具有特定需求的人 + 购买力 + 购买欲望$$

将上述市场概念做简单综合和引申,可以得到对市场较为完整的认识。

(1)市场是建立在社会分工和商品生产基础上的交换关系。

(2)市场的形成要有若干基本条件。包括:①消费者(用户)需要或欲望的存在,并拥有其可支配的交换资源。②存在由另一方提供的能够满足消费者(用户)需求的产品或服务。③要有促成交换双方达成交易的各种条件。

(3)市场的发展是一个由消费者(买方)决定,由生产者(卖方)推动的动态的过程。在组成市场的双方中,买方需求是决定性的。

国内外学者对市场营销已下过上百种定义,企业界的理解更是各有千秋。

2004年,美国市场营销协会(American Marketing Association,简称 AMA)对营销的定义:营销是一种组织职能,也是为了组织自身及利益相关者的利益而创造、传播、传递客户价值,管理客户关系的一系列过程。

著名营销学家菲利普·科特勒教授对市场营销的定义是:市场营销是个人和群体通过创造并同他人交换产品和价值以满足需求和欲望的一种社会过程和管理

过程。据此,可以将市场营销概念具体归纳为下列要点:

(1)市场营销的最终目标是"满足需求和欲望"。

(2)交换是市场营销的核心。交换过程是一个主动、积极寻找机会、满足双方需求和欲望的社会过程与管理过程。

(3)交换过程能否顺利进行,取决于营销者创造的产品和价值满足顾客需求的程度和交换过程管理的水平。

综上所述,市场营销的相关概念主要有:需要、欲望和需求;产品;效用、费用和满足;交换、交易;市场营销者。

二、市场营销及相关概念

(一)需要、欲望和需求

人类的各种需要和欲望是市场营销思想的出发点。

需要(Needs)——没有得到某些基本满足的感受状态。

欲望(Wants)——对具体满足物的愿望。如解渴可以喝白开水,也可以喝汽水、蒸馏水等。

需求(Demands)——对有能力购买并且愿意购买的某个具体产品的欲望。

(二)产品

简单来说,产品就是任何能用以满足人类某种需要或欲望的东西。产品或提供物三因素:实体商品、服务和创意。

例1:快餐店——商品(汉堡包、烤肉和软饮料)、服务(销售过程、烹调、安排座位)和创意(节省我的时间)。

例2:计算机制造商——商品(计算机、监视器、打印机)、服务(送货上门、安装、培训、维护和修理)以及创意(计算能力强)。

(三)效用(价值)、费用和满意

效用是指消费者对产品满足其需要的整体能力的评价。

价值是在最低的获取、拥有使用成本之下所要求的顾客满意。

费用是指消费者满足需求的必须支出。

满意是指产品的使用效果与期望价值的差距。

(四)交换、交易

消费者和厂商的需要得以满足的最有效手段是交换。交换是通过提供某种东西作为回报,从某人那里取得所要的东西的行为。交易是由双方之间的价值交换构成的。

(五)市场营销者

在市场的交换双方中,如果一方比另一方更主动、更积极地寻求交换,我们就把前者称之为营销者(Marketer),后者称之为预期顾客(Prospects)。营销者可以是卖主,也可以是买主。

当买卖双方都积极寻求交换时,则交换双方都是营销者。这种情况被称为双边营销。在一般意义上,营销者是指面对竞争者,服务于市场的企业。

三、市场营销管理

营销管理的实质是需求管理,包括对需求的刺激、促进及调节。市场需求是多种多样的,根据需求水平、时间和性质的不同,可归纳出8种不同的需求状况。在不同的需求状况下,市场营销管理的任务有所不同。各种需求状况及其相应的营销任务如下所示:

(一)负需求

指全部或大部分顾客对某种产品或劳务不仅不喜欢,没有需求,甚至有厌恶情绪。例如,垃圾是人们愿意出钱回避的一种需求状况。营销者的任务是改变市场营销。

(二)无需求

指市场对某种产品或劳务既无负需求也无正需求,只是漠不关心,没有兴趣。通常,市场对下列产品无需求:①人们虽然熟悉但觉得对自己没有使用价值的商品,如不抽烟者对香烟的需求,男性消费者对耳环的需求等。②人们一般认为无价值的废旧物资。③人们一般认为有价值,但在特定市场没有使用价值的产品,如远离水域的小船、南方地区的皮大衣等。④与传统、习惯相抵触的产品。⑤新产品或消费者平常不熟悉的物品等。营销者的任务是刺激市场营销。如上海钢琴公司为了让公司的聂耳牌钢琴打开销路,在大城市举办了各种形式的钢琴大奖赛、创办艺术学校等,以增添家长为孩子购买钢琴的动力。

(三)潜在需求

指多数消费者对市场上现实不存在的某种产品或劳务的强烈需求。例如,老年人需要高植物蛋白、低胆固醇的保健食品,美观大方的服饰,安全、舒适、服务周到的交通工具,等等。营销任务是开发市场营销。

(四)下降需求

指市场对某种商品的需求逐渐减少的状态。包括:①处于成熟期和衰退期的老产品,市场需求已经饱和,购买者人数减少。②被另一种功能更为先进的同类产品所代替的产品,当同类先进产品进入市场时,其购买力转移。③质量不稳定,价格不合理,促销措施不得力,分销渠道不合理的产品。消费者不相信,不了解或购买不方便,造成购买力下降。营销任务是重振市场营销。

(五)不规则需求

许多产品和劳务的需求是不规则的。如在公用交通工具方面,在运输高峰时不够用,在非高峰时则闲置不用。又如在旅游旺季时旅馆紧张或短缺,在旅游淡季时旅馆空闲。营销任务是协调市场营销。

(六)饱和需求

指当前市场对企业产品或劳务的需求在数量上和时间上同预期的最大需求已达到一致。营销任务是维持市场营销。

(七)过度需求

指市场对某种产品或劳务的需求量超过了卖方所能供给和所愿供给的水平。这可能是暂时性缺货,也可能是价格太低,还可能是由于产品长期过分受欢迎所致。例如,水资源的限制使用、提高水价、宣传节约用水等。营销任务是降低市场营销。

(八)有害需求

这是指对消费者身心健康有害的产品或服务,诸如烟、酒、毒品、黄色书刊等。企业营销管理的任务是通过提价、传播恐怖及减少可购买的机会或通过立法禁止销售,称之为反市场营销。反市场营销的目的是采取相应措施来消灭某些有害的需求。

第二节　市场营销观念及其演变

市场营销管理哲学就是市场营销管理理念(观念)，指企业对其营销活动及管理的基本指导思想。它是一种观念、一种态度，或一种企业思维方式。

市场营销管理哲学的核心是正确处理企业、顾客和社会三者之间的利益关系。

企业市场营销管理哲学(观念)的演变可划分为生产观念、产品观念、推销(销售)观念、市场营销观念和社会营销观念五个阶段。

一、生产观念

时代背景：19世纪末至20世纪20年代，产品少，供不应求。亨利·福特曾傲慢地说："不管顾客需要什么颜色的汽车，我只有一种黑色的。"

生产观念是最古老的经营观念。生产观念认为，消费者要求得到的是那些随处可得的、价格低廉的产品，所以经营者应该致力于提高产量、降低成本，并增加销售覆盖面。这个观念，是卖方导向的观念。

生产观念的弊病在于：无视人的存在，对消费者的不同需要冷漠无情。以生产者为中心，"我生产什么你就要什么，你也才能得到什么"。

二、产品观念

产品观念认为，消费者喜欢高质量、多功能和具有某种特色的产品，企业应致力于生产高价值产品，并不断加以改进。企业最容易导致"市场营销近视"，即不适当地把注意力放在产品上，而不是放在市场需要上，在市场营销管理中缺乏远见，只看到自己的产品质量好，看不到市场需求的变化，致使企业经营陷入困境。

产品观念从本质上讲仍然是属于生产者导向的一种经营观念，这和生产观念是一致的。传统上我国有不少企业奉行的产品理念"酒香不怕巷子深""一招鲜，吃遍天"等都是观念的反映。

三、推销观念

推销观念产生于20世纪20年代末至50年代。推销观念认为，消费者常表现出一种购买惰性心理，企业必须大力推销和积极促销，以刺激消费者大量购买本企业的产品。推销观念典型的口号是："我们卖什么，就让人们买什么。"

推销观念的最大不足是：它是从企业自身的产品出发，以既定的产品去寻找顾客。因为推销观念总是认为，自己的产品生产出来了，总应该是可以卖掉的。如果卖不掉，就去推销，去向消费者施加压力。从本质上说，推销观念仍然是卖方导向的经营哲学。它出现的时代是在卖方市场向买方市场过渡的时代。其局限在于，只顾销售不顾售后满意。

四、市场营销观念

时代背景：二战后尤其是20世纪50年代后，市场环境发生了变化。

生产方针：生产市场需要的，需要什么生产什么。

营销观念有两个最重要的观点或理念：一为顾客观点，二为竞争观点。营销观念有许多精辟的、通俗的论述或说法，其中，最典型的，也是我们最熟悉的顾客是上帝。

五、社会营销观念

社会市场营销观念是对市场营销观念的补充和完善。它产生于20世纪70年代西方资本主义出现能源短缺、通货膨胀、失业增加、环境污染严重、消费者保护运动盛行的新形势下。

社会市场营销观念要求市场营销者在制定市场营销政策时，要统筹兼顾三个方面的利益，即企业利润、消费者需要的满足和社会利益，要求营销者在营销活动中考虑社会与道德问题。如强生公司营销信条：关爱全世界，一次为一人。在关爱理念的引导下，强生通过领先的科技研发创造创新的理念、产品和服务，为改善人类健康和福祉而不懈努力。

六、现代市场营销观念与传统观念的区别

生产观念、产品观念、推销观念一般称之为旧观念。是以企业为中心、以企业利益为根本取向和最高目标来处理营销问题的观念。市场营销观念与社会营销观念称之为新观念，分别是以消费者为中心的顾客导向观念和以社会长远利益为中心的社会导向观念。

李维特曾以推销观念与市场营销观念为代表，比较了新旧观念的差别。

推销观念：采用的是由内向外的顺序。它从工厂出发，以公司现存产品为中心，通过大量的推销和促销来获取利润。

市场营销观念:采用的是从外向内的顺序。它从明确的市场出发,以顾客需要为中心,协调所有影响顾客的活动,通过顾客满足来获取利润。

第三节 市场营销组合的演变

市场营销组合是指一整套能影响需求的企业可控因素。它们可以整合到市场营销计划中,以争取目标市场的特定反应。

市场营销组合的特性:①可控性。②动态性。③复合性。④整体性。

市场营销组合是市场营销学中一个十分重要的概念。最早出现于 1953 年,由美国哈佛大学商学院教授尼尔·鲍顿(N. H. Borden)在美国市场营销协会的就职演说中首次使用市场营销组合这一术语。提出了市场营销组合的 12 个因素,即产品计划、定价、品牌、供销路线、人员推销、广告、促销、包装、陈列、扶持、实体分配和市场调研。后来的学者根据对营销因素的不同解释,形成了不同的学术观点。其中,最具有代表性的是 4P 理论、4C 理论和 4R 理论。

一、4P 理论

1960 年,美国营销学者杰罗姆·麦卡锡(Jerome McCarthy)提出了著名的 4P 市场营销组合,他把各种营销要素归纳为四大类,即产品(Product)、价格(Price)、分销(Place)和促销(Promotion),简称 4P,从而为我们提供了一个既简单易行又非常实用的营销工具,如图 1-1 所示。

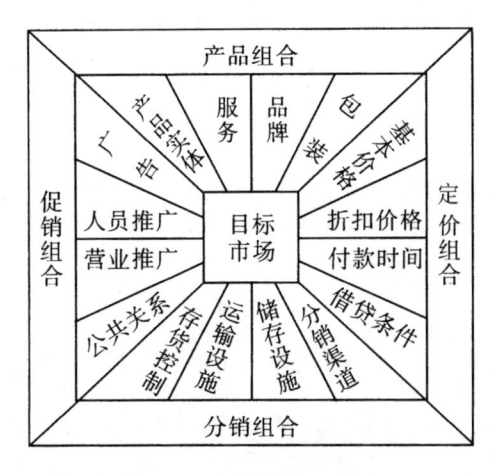

图 1-1 市场营销 4P 组合

市场营销组合是一个多层次的复合结构。在四个大的变数中,又各自包含着若干个小的变数,见表1-1。

表1-1 营销组合及其变量

营销策略	具体内容
产品策略	品质、品牌名称规格、式样、特色服务、特性
价格策略	分配渠道、区域分布中间商类型、储存营业场所、物流运输、服务标准
分销策略	广告、人员推销、公共关系、营销推广
促销策略	样本价格、价格水平、幅度折扣、折让、支付期限、信用条件

美国麦当劳(McDonald's)公司是举世公认、发展迅速的快餐连锁企业。麦当劳公司的巨大成功,关键在于采用了结构良好的市场营销组合,其组合情况见表1-2。

表1-2 麦当劳公司的市场营销组合

营销策略	具体内容
产品策略	标准的、稳定的、高质量的产品,服务时间长,服务速度快
价格策略	低价策略
分销策略	营业场所选择在顾客密集区域——无论城市或郊区,组织特许连锁经营,扩展新店
促销策略	强有力的广告宣传,广告媒体以电视为主,内容针对年轻人的口味

继4P之后,学术界又相继提出了其他一些以P为字头的营销要素,如20世纪70年代,菲力浦·科特勒提出了大营销(6P)观念等。有关4P与6P的关系如图1-2所示。

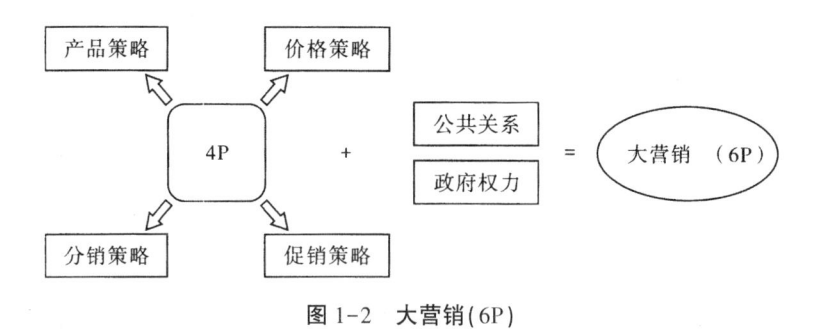

图1-2 大营销(6P)

二、4C 理论

随着市场竞争日趋激烈,媒介传播速度越来越快,到 20 世纪 80 年代,美国学者劳特朋(Lauterbon)针对 4P 理论存在的问题提出了 4C 理论。它以消费者需求为导向,重新设定了市场营销组合的四个基本要素,即消费者(consumer)、成本(cost)、便利(convenience)和沟通(communication)。

三、4R 理论

4R 理论是由美国学者唐·舒尔茨(Don Schultz)在 4C 理论的基础上提出的新的营销理论。4R 理论分别指代关联(relevance)、反应(reaction)、关系(relationship)和回报(reward)。4R 理论以关系营销为核心,重在建立顾客忠诚,它阐述了四个全新的营销要素。

四、4P 理论、4C 理论、4R 理论的比较

从 4P 到 4C。为了强调营销组合的每个工具为顾客所提供的利益,罗伯特·劳特伯恩提出 4P 相对应的 4R 理论。

(一)从产品到顾客解决方案

企业应首先了解、分析顾客需求,而不是考虑生产什么产品;并为顾客提供能够满足某种需要、解决问题的整体产品,包括实体产品、服务和创意等。

(二)从价格到顾客成本

顾客的价值认知不仅来自他们购买产品和服务所付出的货币成本(价格),还包括时间、体力和精神成本等。顾客乐于接受的价格是企业控制制造成本、制定价格的决定性因素。

(三)从分销到便利

企业要尽可能地方便顾客获取信息。选择和购买产品比分销渠道更为重要,便利意味着解决这样的问题,顾客在何时、何地、以何种方式得到他们需要的产品和服务感觉最为方便。

(四)从促销到沟通

强调企业与顾客的双向沟通,通过互动媒体、顾客代表和体验营销等方式与顾

客进行对话和建立良好关系。

4P 是站在企业的角度来看营销,4C 理论以消费者为导向,是站在消费者的角度来看营销,4R 也是站在消费者的角度来看营销,同时注意与竞争对手争夺客户。

从导向来看,4P 理论提出的是由上而下的运行原则,重视产品导向而非消费者导向,它宣传的是"消费者请注意",4C 理论以请注意消费者为座右铭,强调以消费者为导向,4R 也是以消费者为导向,但 4R 较之 4C 更明确地立足于消费者,它宣传的是请注意消费者和竞争对手。

第二章 营销策划的内涵与流程

第一节 营销策划的内涵

一、营销策划的定义

营销策划是指企业在经营方针、经营目标的指导下,通过对企业内、外部经营环境的分析,经过精心设计从而将产品推向目标市场,选择营销渠道和促销手段,以达到占有市场目的的过程。

营销策划方案是一个包括产品定位、价格定位、渠道定位、市场定位、促销手段等方面的操作系统。是企业的战略手段之一,是企业与外部环境相连接的界面,。是企业融资的目标,是管理策划质量的最终检验。目前,许多策划人主要集中在营销策划领域。

二、营销策划的特点

(1)目的性。市场营销策划是企业围绕市场目标及营销绩效所开展的策划活动。

(2)预见性。市场营销策划是在充分思考与调查基础上,对营销活动进行预先、系统和具体的可行性方案。

(3)不确定性。市场营销策划虽然建立在充分调查与研究的基础上,但企业所处环境的变化与不确定性导致计划存在着一定风险。

(4)系统性。一次好的市场营销策划必须遵循经济与自然规律,强调多种营销手段在策划过程中的系统与综合运用,强调科学、周全、可行及有序。

(5)创造性。策划是人们思维智慧的结晶,是一种思维的革新,具有创意的策划,才是真正的策划。市场营销策划的创造性主要体现在敏锐的洞察力、不断的创造力、活跃的灵感力、创新的想象力和积极的挑战力等方面。

(6)可调适性。营销策划方案必须具有弹性,能因地制宜。

(7)动态性。市场营销的过程是企业可控因素与环境的不可控因素之间的动态平衡过程。市场营销策划贯穿在整个营销管理过程之中。

三、营销策划的类型

按照不同的划分标准,营销策划相应地可以区分为以下若干种类型:

(1)按策划的主体为标准,可划分为内部自主型策划、外部参与型策划。

(2)按策划的客体为标准,可划分为市场营销整体策划、市场调研策划、市场营销战略策划、新产品开发策划、价格制定策划、渠道策划、公关策划、广告策划、CI策划、CS策划、人才开发策划。

(3)按策划的目标为标准,可划分为全局性策划、战略性策划、战术性策划、战役性策划。

(4)按策划的要求为标准,可划分为创意策划、理念设计策划、营销方案策划。

四、营销策划的构成要素

营销策划的结果与策划的应用类型直接有关。战略规划、年度计划和运用营销手段的具体方案在内容、结构上具有某些共同点,这些共同点是营销策划的基本构成要素。

(一)主体与客体

营销策划中的主、客体关系并不针对策划行为,而是基于实施的角度,也就是说,即便策划工作委托企业以外的专门机构,规划或方案的主、客体关系仍然从企业内部产生。在一般情况下,市场战略规划的实施主体是企业的营销部门或销售公司,也可由企业最高经营层直接负责,而年度计划和具体营销方案则由销售、市场或广告等直接从事营销活动的部门执行。

(二)业务领域与范围

规划或方案中的市场活动涉及哪些产业领域,业务活动辐射哪些国家和地区,也是营销策划内容的构成要素。相对而言,战略性规划涉及的产业领域和区域范围比较笼统,对环境条件的确定性不高,而战术性营销方案则需明确界定具体的业务领域和区域范围,对所处环境条件具有较高的确定性。

(三) 目标市场及对象

规划或方案中的产品、服务内容以哪些消费群体作为主要的营销对象,是营销策划的另一构成要素。战略规划所涉及的目标市场可多可少,划分标准较粗,但作为具体计划或方案,对不同目标市场需要严格界定和具体区分。就战略规划而言,各目标市场的开发、拓展有先有后,并形成战略实施中的阶段性对象。就具体计划或方案而言,营销活动必须针对确定的群体并体现即期的经营绩效。

(四) 营销策划工具

为了实现市场目标和营销目标,企业将运用多种营销手段,发掘各营销手段的潜在功能,并确定针对营销对象和实现营销目标的主要营销手段。在市场战略规划中,营销工具以产品规划、价格方针、分销模式和企业形象等战略性营销手段为主。在营销计划和具体方案中,营销工具表现为产品定位、定价策略、分销渠道、广告设计和品牌策略等战术性营销手段。

(五) 经营资源与能力

企业开发营销手段的功能需要经营资源和能力的支撑,其中战术性营销手段直接依赖经营资源和竞争优势,战略性营销手段同企业的综合经营能力、管理效率和企业的核心能力密不可分。因此,在营销策划中,企业不仅需要利用现有资源、能力和竞争优势,而且还应注重资源发掘、能力培养和竞争优势的提升,将企业的经营资源、能力及竞争优势作为营销策划中的动态要素。

(六) 外部资源条件与机遇

实现市场目标主要依靠企业自身的经营资源和能力,但在营销过程中,外部资源和其他企业的经营能力也是企业可借助的条件。在战略规划中,企业应当借助战略同盟开拓市场。在战术方案中,企业应充分利用各种流通中介组织扩大分销业务。除了与企业有直接业务联系的厂商外,各种非营利组织的资源、能力也可作为营销策划的构成要素。营销策划的任务之一,是尽可能地利用外部条件,抓住机遇弥补本企业资源、能力方面的某些缺陷。

上述方面是各种营销策划应用类型的基本构成要素,不同策划类型对这些要素的要求和依赖程度不同。总体而言,忽略其中的某一要素,或某一要素的定位不当、选择有误,营销策划的完整性、准确性就会受影响,规划或方案的实施效果就难以保证。

五、营销策划的原则

营销策划的主要内容是企业经营能力、营销手段以及具有精心创意的谋划过程。策划主体因各种各样的原因,对上述问题在认识上和操作上存在较大的差距。为了提高市场营销策划的准确性与科学性,策划主体必须形成正确的营销观念,准确认识和把握营销策划的原则,一般需要遵循以下基本原则。

(一)战略性原则

市场营销策划一般从战略的高度对企业营销目标、营销手段进行事先的规划和设计。市场营销策划方案一旦完成,将成为企业在较长时间内的营销指南,也就是说,企业整个营销工作必须依此方案进行。因此,在进行企业市场营销策划时,必须站在企业营销战略的高度去审视,务求认真仔细、详细周到。从营销战略的高度进行策划,其作用至关重要。

(二)信息性原则

市场营销策划是在掌握大量而有效的营销信息基础上进行,没有这些信息将导致营销策划的盲目性和误导性。同时,在执行市场营销策划方案的过程中将会出现方案与实际情况有出入。因此,调整方案也要在充分调研占有信息的基础上进行。在收集市场信息时力求全面、畅通、准确和可靠。收集大量的市场信息是市场营销策划及实施成功的保证。

(三)系统性原则

市场营销策划是一个系统工程,其系统性具体表现为两点:一是营销策划工作是企业全部经营活动的一部分。营销策划工作的完成有赖于企业其他部门的支持和合作,并非营销一个部门所能解决的。二是进行营销策划时要系统地分析诸多因素的影响。将这些有利因素综合利用起来,为企业营销策划服务。

(四)时机性原则

市场营销策划,既要适时,也要"重机"。换句话说,要重视"时间与空间"在营销策划中的重要作用。俗话说:"机不可待,时不再来。"因此,策划主体不仅要重视策划内容中的时机,也要注重策划所花费的时间,更要注重运作过程中的时间。

(五)权变性原则

市场就是战场,竞争犹如战争。现代市场经济中,营销环境是企业不可控制的因素。市场随时在波动变化，一场场激烈的竞争也正在演绎。而企业营销策划和行动方案就必须适应这些环境的变化，也就是说，必须具有权变的特性，只有这样，企业才能灵活地适应市场环境，在竞争中获胜。所以权变性原则在策划中是不可缺少的思维因素。

(六) 可操作性原则

市场营销策划用于指导营销活动，其指导性涉及营销活动中每个人的工作及各环节关系的处理。因此，其可操作性非常重要。不能操作的方案，创意再好也无任何价值。不易于操作也必然要耗费大量的人、财、物，管理复杂，效率低下。

(七) 创新性原则

创新性是营销策划工作中的核心内容。这不仅要求策划的内容、方案、技术创意新，表现手法也要新。著名管理学家卡斯特曾经说过："世界上任何事物都在变，唯独一件事不变，那就是变。"面对多变的营销环境和激烈的市场竞争，创新工作显得格外重要。给人以全新的、新颖的创意感觉是策划的核心内容。

(八) 效益性原则

企业发展生存的最终目标是盈利，企业经营管理的最终目标是效益和效率。作为企业经营管理手段和工具的营销策划，应在众多环节上体现出效益性原则。营销策划方案中还必须有详尽的预算，力求经济节约。

六、营销策划需要掌握的若干要点

(一) 市场营销策划需要认识的几个层面

1. 营销策划的两个前提条件

市场营销策划必须关注两个前提，经营现状和经营目标。经营现状是指企业所处的经营环境，它是企业进行经营策划的依据和基础。经营目标是指企业宗旨所体现的并希望达到的经营目标，它是经营策划的目的和结果。企业的经营策划从某种意义上说就是寻找一种方法，使企业完成由经营现状到经营目标之间的过渡，或者说是消除现状与经营目标之间的距离。经营现状与经营目标的距离越大，达到经营目标的难度也越大，从而使经营策划所花费的时间、费用、精力也越大。

营销目标定得高与低并不是衡量企业经营好坏的标准，企业应根据自身的实际情况设定合适的营销目标才是最佳的选择。

2. 营销策划的两大组成结构

市场营销策划的结构通常由两大块组成,即对市场营销环境的分析和市场营销活动的设定。这两大块相辅相成,相得益彰,缺一不可。这就是说,在营销策划时不能只注意对具体行动方案和行动过程的设计,而忽略对市场环境的分析研究。没有市场营销环境的分析与研究,制订的行动方案也只是纸上谈兵,不具操作性。

3. 营销策划的几大量度确定

(1)时间。营销策划方案的制订以及营销策划活动的执行都需要在限定的时间内进行。但这个限定时间并不是固定不变的,它以产品的差异、目标的层次、技术的变化以及竞争的激烈程度不同而有所不同。时间效应的问题,在快速营销的时代,时间就是金钱,效率就是生命。经营策划者应该在适当的时间完成策划方案,并且在适当时间推出策划方案。如果一项策划耗用时间过长,企业的经营环境就有可能发生大的变化,策划的前提就可能随之变动,同时,策划时间长使经营活动无法按期实施;如果经营策划的时间过短,也不能保证策划的质量。

(2)信息。信息对于企业在激烈的市场竞争中取得主动权、赢得相对竞争优势越来越重要。管理所涉及的基本要素已由计划经济体制下的3M(人、财、物)变为知识经济时代的5M(人、财、物、市场营销和信息)。此时,信息已是现代企业赖以生存和发展的一项极为重要的资源和约束条件。策划信息主要包括市场供求状况、市场竞争状况、相关政策法规、顾客需求特征、企业产品特征、销售渠道特征等。但信息数量的多少取决于信息的重要程度、企业运用信息的能力、营销策划的时间长短等。

(3)预算。一是指提出执行各种经营策划所需的预算,以及在各个市场环节、设计各种经营策划手段之间的预算分配。二是指在制订营销策划方案时所需花费的费用。俗话说"看菜吃饭""量体裁衣",应根据策划项目的大小和需求进行科学的预算。

(4)效果。经营策划的市场目标是扩大销售,不能提高市场占有率等目标的经营策划是没有意义的。但是按照决策没有最优,只有满意的观点来看,市场营销策划的最终效果是只要达到策划预期的效果或得到经营者的满意即可。

(二)市场营销策划需要注意的几个方面

1. 适时介入

市场营销方案中的市场对策和营销举措要有准确的时间概念,讲究进入市场的时机。

从战略上看,进入市场时间太早,环境障碍就多,有效需求尚未达到预期规模,投资与拓展市场的成本就高,经营绩效就不易形成。进入市场时间太迟,市场份额已被分割,则竞争会比较激烈,市场位势就难以提升,经营绩效就很难提高。

2. 集中资源

相对于市场目标和绩效要求,大部分企业缺乏足够的资源和经营能力。资源和经营能力在战略规划和战术方案间如何安排,在不同营销方案中如何分配,这是营销策划需要注意和处理的关键之一。只有集中资源和经营能力才能提高规划与方案的成功率。

3. 体现特色

营销策划是一种理性行为,应当体现企业的个性和特色,而不是简单地模仿甚至照搬其他企业的做法和经验。在制订规划或方案时内容要有特色,既要尊重自己企业的传统,又要善于创新变革,更要研究经营特色与服务对象之间的关系。

4. 争取附带利益

企业的市场目标和营销手段构成规划或方案的某一主线,但策划过程不仅要围绕主要市场目标,同时要尽可能地争取附带利益。在规划或方案涉及的目标市场确定以后,策划过程要充分发挥各种营销手段对非目标群体的吸引力,在确保目标市场经营绩效的同时,争取其他方面的经营绩效。

5. 激励士气

营销策划基于既定的市场目标和绩效要求,但市场目标应当与企业的经营能力以及能够运用的营销手段相适应。规划或方案的目标过高、过低都不利于充分发挥营销部门的积极性、创造性及资源潜能。

6. 允许缺陷

企业的战略规划、年度计划和营销方案应当完整、准确,具有可操作性,但规划设计又很难做到完全准确和尽善尽美,因此,企业应允许在实施过程中进行调整、补充,而不必对策划过程和结果过分苛求。

在营销策划中,企业不能被动地适应外部环境的变化,而要积极、主动地研究和分析需求、竞争、环境和资源。企业不能只囿于现有的资源和经营能力策划营销活动,而要通过营销策划和实施方案,尽可能地积累、提升企业的经营能力和竞争优势,力保策划方案的成功。

七、营销策划的目的和作用

(一)营销策划的目的

企业在对营销环境、市场竞争和现实机会进行大致判断以后,就会相应提出决策结论和市场目标。而营销策划则围绕这个目标进行分析、研究和设计。因此,企业的营销目标和营销策划的目的是紧密相关、不可分割的。

营销策划的主要目的是针对内部资源环境和外部资源环境变化,谋划最佳达标途径和方式,力争企业在市场运作中拔得头筹,求得领先。企业营销策划的具体目的和要求如下:

(1)企业开张伊始阶段。针对企业的营销对象和市场,分析、研究需要哪些适销对路的产品和服务,迅速进入市场。

(2)企业茁壮成长阶段。围绕企业的市场目标及营销绩效,确定企业投入的经营资源和能力(种类、规模、质量及组合构成),促进有效发展。

(3)企业参与竞争阶段。根据营销环境的预期分析和市场态势,发现、利用企业外部的有利因素及可借助的条件,立于不败之地。

(4)企业可持续发展阶段。理论分析与实践经验相结合,充分发挥企业的竞争优势或相对优势。努力实现市场利益的最大化和经营风险的最小化,确保企业长久、稳定和持续地发展。

(5)企业遭受挫折阶段。由于市场行情发生变化,原有的营销方案已经不适应变化后的市场,需要修改或重新制订新的营销策略,确保企业规避风险。

(二)营销策划的作用

市场营销策划是市场经济发展的产物,是现代企业开展市场竞争的需要。源于市场营销的实际,又回到市场营销的实际,并形成系统的营销理论和方法指导实践。其作用表现为:

(1)促进市场经济有序、稳定及健康地发展。

(2)改变企业被动经营的局面,指导企业有目的、有计划地经营。

(3)增强企业在市场上的竞争能力,促进企业营销资源的高效配置。

(4)积极拓展市场营销新领域,促使企业有效地开拓国内及国际新领域。

第二节 营销策划的方法和步骤

营销策划不只是管理者头脑中的想法，最终要形成正式的书面文件。

首先，营销策划在形成正式书面文件的过程中，经过了缜密的思考，是对以往成功和失败经验的梳理与总结。其次，它是企业各职能部门之间沟通的有效工具，如生产、财务和销售部门对于企划的成功实施都有着非常重要的作用。有了书面的计划可以避免口头说明的不准确性，使各部门的工作有章可循。再次，营销策划帮助企业把实现目标的具体责任细致地落实到具体日期。最后，书面形式的计划不会因管理人员的变动而受到较大的影响，从而保证了企划实施的连续性。此外，这一特点使企划人员受益匪浅。它还有助于指导新员工迅速开展工作。

一、营销策划的制订层面依据企业实际情况而定

在哪个层面上制订营销策划，依据不同的企业而有所不同。比如，在一个典型的以品牌管理为导向的企业里，通常每个品牌为一个利润中心，因此，营销策划是针对各个品牌来制订的。再如，有些企业难以分配单个产品的直接固定成本，它们常常针对品牌或服务群体来制订计划。例如，通用食品公司按照邮政区域划分谷物市场，并为各市场的品牌制订了不同的营销计划，如 Raisin Bran 和 Grape Nuts。麦当劳公司则只制订了一套完整的快餐服务营销计划，当然，不排除在个别地区可能会有差异。不同的食品，如麦乐鸡和麦辣鸡腿堡被紧密地整合到一个套餐中，而不是单独强调某个食品。也就是说，麦当劳的产品是各种套餐，而麦乐鸡和麦辣鸡腿堡则是产品特征。

二、营销策划的时间跨度往往视产品的不同而有所不同

零售业要配合季节变化和不同的时尚潮流趋势，通常时间跨度较短。而汽车业产品生产研发或改进的时间跨度往往较长。影响企划时间跨度的因素还有技术改进速度、竞争强度和相关客户群体偏好的改变频率等。尽管网络的影响已经大大缩短了企划的时间跨度，最典型的企划时间跨度仍然是以年度为单位的。

三、营销策划的方法与步骤

"事半功倍""事倍功半"这两个词正是有方法与无方法的真实写照。作为一

名营销经理或企划人员,不仅要从意识上重视营销策划的作用,更要了解和掌握制定营销策划的方法和步骤,从而更有效、高质量地完成营销计划。

(一)制订营销策划的方法

制订营销策划的方法有两种:自上而下法和自下而上法。

自上而下法是指在员工参与下,由中层或高层管理者制订营销计划,由低层的员工(如销售代表)实施计划。

自下而上法,是指低层员工积极参与计划制订、收集和预测竞争者和客户的资料,然后由高层管理者审阅、批准计划。在自下而上的计划过程中,低层员工起主要作用。

以上两种方法各有优点。由于管理者在组织中的职位越高,越能深入地了解企业所面临问题的脉络,一般习惯于采用自上而下的推理过程。比如,区域销售人员倾向于考虑他们所在区域的竞争市场,而没有能力去考虑国家或国际市场。自下而上的计划系统与目前向下授权的趋势一致,而且通常自上而下的方法更容易实施,因为这些人的主要任务是执行计划,这种想法贯穿于制订计划过程的始终。

(二)制订营销策划的步骤

1. 界定问题

相信所有的营销人员都希望自己能一眼看穿问题的本质,并提出适当的解决方案。这并不是一种奢望,相信通过不断的努力和实践,是能够逐步达到这样的目标。但前提是,首先得确定:问题是什么?如果问题得不到确定,再好的方案都是空话。

管理大师彼得·德鲁克在从事企业策划时,面对企业提出的一大堆难题,不是立即替企业解决问题,而是先帮助企业界定问题,找出主题,在一团乱麻中理出头绪,达到纲举目张。为了界定问题,德鲁克常用一连串为什么提问,以使问题浅显化、直观化,找出企划的实质性要求。例如:

· 你最想做的事是什么?你为什么要做这件事?

· 你现在正在做什么事?你为什么这样做?

· 为什么说这是个问题?它真是问题吗?还有更重要的问题吗?

· 这个问题发生在什么部门?

· 这个问题发生在什么地方?

· 这个问题是何时发生的,现在依然存在吗?

·这个问题是在什么情况下发生的?经常发生吗?

·这个问题只与特定的人员有关,还是涉及全员?

·这种问题在整个公司内发生的比例有多大?是否包含着另外几个问题?……

值得注意的是,有时委托者对企划的目的半遮半露,甚至遮而不露,他们想用企划人员的嘴说出他们自己不好直接讲出的话,所以企划人员自己在心里也要多问几个为什么。如果你是企业内部的营销策划人员,对于企业内部进行的营销策划工作,也需要明晰并结合企业的战略目的、近期的营销策略,来确立营销策划的主题。

2. 收集资料

数据收集的关键在于过去和现在资料的可获得性。为制订营销计划而收集的数据往往是临时的或估计的。比如,在制订2015年度营销计划时,2014年的真实市场数据还不能全部获得。但是可以用2013年的数据来推测2014年的数据,然后根据推测的数据来制订2015年度营销计划。

3. 分析资料

通过分析收集到的资料来预测竞争对手的活动、客户行为和经济状况等,称为营销环境分析。营销环境分析应做到尽量量化,但不一定都是量化的。后面章节中讲到的类似分析多数是定性的,是从非数字的数据中得到的隐含信息。营销环境分析是对企业经营的主要机会与威胁的概括。

4. 确定目标

在制订营销策划的过程中,目标的设定至关重要,它是连接营销环境分析与营销战略及策略组合的桥梁,在整个营销策划中起承上启下的关键作用,它关系到在整个年度内(或适当的计划期限内)企业、产品将如何发展。因此,目标是否合理、是否具有可行性,是决定营销策划成败的重要因素。基于资料基础的营销环境分析是营销策划目标设定的依据。

5. 制订战略和行动计划

实现目标的途径有很多,哪一个契合实际情况,且风险更小、机会更大,这就是战略考虑的问题,因此战略是发展途径的取舍,是行动计划的方向。一切行动计划都需以战略为中心,为实现战略服务。

6. 编制财务预算表

财务预算表包括预算和盈亏数据。它是计划能否被采纳的最主要的销售文件。

7. 营销组织、控制、评估

在计划实施期间,随着环境的变化可能需要对计划做必要的修正或调整。这需要企业收集市场和其他与衡量目标有关的信息,并围绕已设定的目标做出适当的调整。企业需要对这一过程实施监控,这就是营销策划的组织与控制。

计划完成后,企业按照惯例要检查计划的结果,决定计划与实际结果的差异,这就是企划评估,它为当前和今后制订计划提供了非常重要的诊断信息,是一种反馈信息来源。

因此,营销策划步骤是从问题界定、数据收集与分析到战略及策略制订,再到绩效评估的逻辑事件流。

第三节 营销策划的内容

几乎每一个企业都有自己的企划格式,绝大多数营销策划都有以下通用的要素。

一、营销计划摘要

高层管理者经常要批示大量的营销计划。在这种情况下,一个集中了目标、战略、财务预算的简短摘要是必不可少的。营销计划摘要是对整个计划内容的高度概括,便于高层管理者审阅和比较不同的营销计划。

二、营销环境分析

企业处在一个无法控制的外部宏观环境,只有一定能力对供应链上下游施加影响力,同时,在企业内部还有管理层可控制的营销资源与非营销资源。在这种环境下,宏观和产业环境分析可以分为三个层面:外部宏观环境分析、外部微观环境分析和内部环境分析。

三、消费者分析

消费者分析对于理解谁是目标客户、他们如何做出购买行为,以及为什么做出相应的购买行为是非常重要的,确保企业的消费者市场导向。

四、竞争对手分析

既然所有的市场都是竞争性的,对竞争对手的分析就非常重要。竞争对手分析包括竞争对手生产能力、销售水平、营销水平的比较。同时,进行竞争对手分析还要思考:市场上的主要竞争对手未来可能会采取什么行动,它还与已制订计划的产品的竞争对手分析相关。换句话说,兴趣产品的优势和劣势是通过与主要竞争对手的比较来决定的。

五、销售渠道分析

在营销组合中,销售渠道的作用是将产品送到目标市场、目标客户手中,从而将产品所有权从制造商转移到最终消费者。选择不同的渠道会带来不同的销售结果。产品上市前,企业就应该决定采用哪种方式或途径将产品送到客户手中,而要做出正确的决定必须基于对行业、竞争对手销售渠道的充分分析。

六、市场潜力与销售预测分析

无论是市场潜力还是销售预测,都是对未来的一种判断、对需求的一种评估,但两者不能混为一谈。市场潜力是指在某个时间段和给定条件下,企业可能达到的最大销售量,即企业最多能销售多少。而销售预测是指在某个时间段和给定条件下,企业预计能达到的销售量,即企业最有可能销售多少。市场潜力和销售预测极其重要,它们直接影响管理者的决策和企业的财务预算。

七、SWOT 分析

从环境分析、消费者分析、竞争分析到这些分析(这些分析的过程统称为营销审计)在计划中的转换,通常是由 SWOT 分析来连接的。因此,在制订战略营销计划的过程中,应对优势和劣势、机会和威胁(即 SWOT)的作用和应用加以考虑。

八、目标市场与营销目标

目标市场是一个简单的概念,是指具有许多共同特征的一群人。每个企业都无法充分有效地满足市场的所有需求,应选择对本企业最有吸引力的一个或多个细分市场作为营销目标,所选定的细分市场即为本企业的目标市场。

九、制订营销目标

营销目标是对企业在一段时间内、在关键的领域里应完成的任务清晰而简洁的书面陈述。例如,精确地说明销售目标,包括销售量、市场份额、投资收益,说明营销计划的其他目标,包括达到每个目标所需的时间。它为企业销售明确了方向,同时又是评价业绩的标准。

十、营销战略

营销战略是指企业意欲在目标市场上用以达成各种营销目标的原则。主要由三部分构成,包括目标市场战略、营销组合战略以及营销费用预算。

目标市场战略主要有无差异营销、差异营销、集中营销三种战略模式,不同的企业、企业的不同发展阶段适用的战略选择不同。

营销组合战略指企业针对目标市场,对可采用的战略(营销定位战略、品牌战略)和与战略相符的各种营销策略(产品策略、服务策略、价格策略、渠道策略、促销策略、公共关系策略等)进行优化组合的综合策略,进一步说明如何实现营销战略。

营销费用预算则是对营销组合战略所涉及的各种营销策略所需费用进行预算。

十一、营销组织、控制、评估

制订战略营销计划之后,首要工作就是把该计划的执行人员组织起来,界定清楚营销部门与其他职能部门的关系,明确各个部门应该做什么,从而搭建一个务实执行营销战略、战术的组织架构。

其次,营销计划的实施离不开控制与评估。没有控制与评估,就无法得知计划的可行性、计划的实施情况、导致计划成功或失败的因素等重要信息。也就无法根据结果调整计划,或者制订新的计划。

由于营销组织、控制、评估更多地属于营销管理的范畴,因而在此不做过多的介绍。

第四节　营销策划的特点

一、企业的营销策划必须重视政府公关

科特勒营销的一个薄弱环节——4P 战略组合是基于纯粹的自由市场。实际上在我们所处的这个时代，不可能仅仅依靠看不见的手，很多时候看得见的手给予的支持更有必要。此外，英国《经济学人》杂志的一项研究报告指出，中国市场正在迈向成熟，其中包括政策环境的成熟。这些客观因素都要求企业必须重视与政府打交道。

企业该如何做好政府公关呢？

首先，要坚持利益趋同的重要原则。政府是公共利益的代表，企业要对政府面对的市场和政策的方向有敏锐的嗅觉和清晰的理解。要明白它的道理，还要知道它为什么要这样做。企业的思想、理念、基本的平台和政府的政策要永远一致，这并不是简单要求要迎合政府，而是思路上的契合。这是找到企业与当地社会共同利益的一个最好方式。

其次，要采取互动沟通的方式。从企业的角度来讲，主要是通路搭建与多种方式的沟通。通路搭建包括两个层面，一是与政府有关部门保持稳定的联系。二是懂得运用行业协会的力量，以及在需要的时候与同业者结成联盟，发出共同声音。

通路搭建起来之后，要选择沟通的方式，包括直接沟通和间接沟通两种。直接沟通主要的方式方法有：通过企业设立的公共事务部门进行日常的沟通工作，以及让公司的最高层定期地拜访等。政府公关中的间接沟通主要包括企业参加或举办各种公益活动，提升社会形象，在制订自己的发展策略方面符合政府政策的发展方向等。

二、企业的营销策划要以整合资源为核心

如果说 20 世纪 50 年代创造财富靠激情，六七十年代创造财富靠斗争，八九十年代创造财富靠改革，那么 21 世纪的今天创造财富则靠整合。谁拥有整合资源的优势，谁便掌握了打开财富之门的钥匙。改革开放四十多年后的今天，我国企业生存发展的环境已经发生了巨大的变化，从计划经济体制逐步转向市场经济体制，建立健全了现代企业制度，完善法人治理结构，使企业从工厂制转向公司制，中国加

入 WTO 和经济全球化的趋势使企业面临更多的发展机遇和严峻的挑战。企业改制、上市、重组、兼并、联合,使企业进入一个整合期,企业在市场经济的磨炼中,逐步培育了市场观念、服务观念、营销观念、人才观念、竞争观念、创新观念等,形成了新的价值、理念和精神、文化。

营销策划也从单纯地促进销售和狭义营销领域拓展开来,几乎涉及企业全部的经营管理过程,包括融资、重组、无形资产、税收策划等。

第五节 营销策划的发展

从我国营销策划的发展进程来分析,大致可以分为六个阶段。

一、点子时代

这个时代的市场背景是商品开始供过于求,但消费需求如一块处女地尚未被开垦,一个操作简单的好点子,就能撬动无限的消费潜力。大约在 20 世纪 90 年代中期,一个名叫何阳的人就这样成了著名的点子大王。

二、胆子时代

营销策划的 MBA 教程把牟其中的罐头换飞机作为靠胆子取胜的经典案例。实际上,牟其中并不是一个真正的成功者,主要也不是靠胆子大而成就了他一生中唯一一次成功的生意。改革开放 40 多年,成功者除了胆子大外,还同时具备了脑子活、路子怪、步子稳等方面的特征,并且在他们成功的背后,大多能在国外找到历史的踪影。这个时代的创业者们利用了一部分国人崇洋媚外的消费心理,引进国外的产品、经营形态与管理方式,并适当变通使其更适合本土的消费需求,从而获得了巨大成功。这在消费品生产制造与分销领域最为显著。

三、傻子时代

不知从何时开始,市场上出现了两类商人:一类是忽悠企业的策划者,另一类是忽悠消费者的经营者。前者如算命先生,有三个常规动作:一看问题——病不轻;二讲困难——你不行;三出主意——我帮你!这便是当时策划者的成功套路。天津有一家企业的老总曾经这样说:"我们用每周一辆'凯迪拉克'的代价请人做策划,结果,那些人把我们犯过的错误再重犯一次。"策划者把企业当傻子,很多企业深受其害。

四、定位时代

20世纪70年代初,定位(Positioning)一词开始进入人们的视野。1972年美国营销专家阿尔·里斯(Al Ries)以《定位时代》一文开创了定位理论。实际上这是一种针对同质化时代所实施的攻心术,是要通过沟通与传播,让产品在顾客的脑海里确定一个合理的位置。按照这种理论,消费者的心灵才是营销的终极战场,所以,这个合理的位置也可以称为心灵空间。但我国企业在定位理论的早期应用过程中,并没有感悟这一核心思想,而是一味地凌驾于消费者之上,把企业的定位强加给消费者。

五、渠道时代

产品的规模化生产迫使生产者不遗余力地寻找最有效的分销渠道组合,最终他们在连锁商业中发现了新大陆,并跟随不断扩张的连锁组织获得了空前的成长。制造商助推了连锁事业的发展,结果,那些壮大起来的零售商向供应商收取的通道费日益看涨,零供关系日趋紧张,零供矛盾不断激化。如果说没有品牌的产品犹如废品,那么,没有渠道的品牌就如同一张废纸。

六、搜索时代

搜索正在成为消费者的一种生活习惯与购物行为。过去,消费者的购买行为受广告影响,如今的消费者则更注重自己和朋友的购物体验。消费者在决定购买前需要搜寻其他消费者的口碑,在购买后则又会让其他消费者来分享自己的购物体验。消费者一旦拥有网络,就拥有了把抱怨告诉全世界的渠道。如果企业不能适时改变自己,肯定没有前途,不管以前有多么辉煌。

第三章　营销策划书的撰写

第一节　营销策划书的框架设计

营销策划书作为创意和策划的物质载体,是策划的文字或图表的表现形式,它使得策划人的策划案能够被他人所知道和接受,使策划由一种思想一步步地变成现实。策划好比排演一场戏,策划书就相当于剧本。它既是编剧对故事的构思,又是演员赖以表演的蓝本。

营销策划书不可能凭空而来,也不可能一挥而就。撰写策划书就好比盖楼房,首先要打好地基,然后打造混凝土支柱框架,最后的工作才是添砖加瓦和装修。地基和支柱框架没有建好,就去砌围墙、打盖子,即使把楼房建造起来了,恐怕也是一幢危楼。如果把策划创意比作楼房的地基,那么营销策划书的框架纲要就是楼房的立柱。

一、框架设计的准备

框架设计对书写营销策划书来说,是非常重要的工作,但不是第一步的工作。换句话说,在设计策划书之前还有一些准备工作需要做,如书写对象、作用、目的和意义。

1.营销策划书写给谁

营销策划书的写作,第一步须弄清策划书的提供对象是谁,不同的接受者所要求的标准(也就是策划审议时的重要标准)是不相同的。

2.营销策划书的作用是什么

需要说服别人支持营销策划,但仅以口头是无法表达清楚的。这时就需要书写策划书,通过策划书来将策划人的意图向不同的审议者传达。

3.营销策划书的最终写作目的是什么

从根本上说,营销策划书的写作目的就是要使决策者接受策划的内容,并确保策划能按计划顺利实施,企业收到最大利润。

4. 为什么要写好策划书

好的策划书能够很好地帮助理解策划的内容及策划者的真正意图。简言之,写好策划书就是为了使策划得以理解和实施。

二、营销策划书的框架要素

不管是哪一层次的或哪一部门的营销策划书,其基本框架均应包括下列内容,可以概括为5W3H1E,What(什么)——策划的目标、内容,Who(谁)——策划相关人员,Where(何处)——策划场所,When(何时)——策划的日程计划,Why(为什么)——策划的假设、原因,How(怎样)——策划的方法和整体系统运转,How(怎样)——策划的表现形式,How much(多少)——策划的预算,Evaluation——效益评估。

一个好的策划必须具备精彩的、扣人心弦的表达形式,才能更容易实施并达到最终目标。同时,策划还是一项复杂的系统工程,它需要一定的人力、物力和财力。同任何一项投资一样,策划的预算与其最终的收益也要有一个适当的比率,这项策划才具有其实施的可行性和合理性。因此,在策划书中,关于预算的内容是必不可少的。而且策划预算进行得越周密,费用项目划分得越细,才越具科学性和说服力,从而使这项策划方案更易为决策者接受并得以实施。

需要特别指出的是,5W3H1E是策划书的框架内容,缺一不可,但这并不意味着它们是策划书的全部内容。不同专题的策划书,其目标和要求各异,因而内容也千差万别。例如,对于某些策划书而言,专家意见也成为其重要内容之一。因为这类策划书往往专业性较强,而策划者并不一定是专业人员,因此专家意见将使得该策划书更具有说服力。

三、设计营销策划书的框架纲要

策划书的写作要依据创意和策划者的意图勾勒出策划书的主体框架,然后才能开始具体内容的书写。框架纲要不仅是策划的总体思路的体现,还有利于找到具体问题的切入点,并及时发现不足和遗漏。

由于行业的差异和策划专题的不同,营销策划书框架纲要并无固定格式可循。但是依据营销策划活动的一般规律,营销策划书正文的框架纲要应包括界定问题、环境分析、问题点及机会点、营销目标、营销战略、营销组合策略、行动方案、财务分析、策划控制方案等单元。

第二节 营销策划书的撰写

以下主要介绍营销策划书的各部分内容该如何撰写,并简要说明采用何种表现手法可以使策划书更容易被理解,以及写作中应注意的细节问题等。

一、营销策划书的内容及写法

一份完整的营销策划书包括封面、策划主体、附录等部分,下面将对营销策划书各个部分的内容及写法分别加以说明。

(一)封面

策划书的封面应列明以下各点:(1)策划名称(主题);(2)策划者的姓名(策划机构或小组成员名单);(3)策划制作或完成的日期;(4)策划适用的时间段;(5)策划书的密级及编号。

此外,还可在策划书的封面附上一段对策划书内容作简要说明的文字,但不宜过长。策划书的封面就好比人的脸面,它给使用者带来很重要的第一印象,因此不可马虎对待,好的封面应该给顾客传递这样一个信息——我的策划是最好的!

(二)概要

概要相当于一般书籍的序,主要是对策划项目进行的概要说明,包括策划的目的、意义,创意形成的过程,相关策划的介绍,以及策划书包括的内容等。概要应简明扼要,字数在三四百字为宜。

(三)目录

策划书的目录和其他书籍的目录起到的是相同的作用,它涵盖了全书的主体内容和要点,对策划的全貌、策划人的思路、策划书的整体结构有一个大体的了解,并且为使用者查找相关内容提供方便。

(四)前言

前言的作用在于统领全书,因此其内容应当包括策划的宗旨、目的及背景,以及策划的必要性等问题的描述。

前言一方面是对内容的高度概括性表述,另一方面在于引起读者的注意和兴趣。当读者看过前言后,要使其产生急于看正文的强烈欲望。

(五)界定问题

在这一部分,需要明示策划所要实现的目标或改善的重点。无论多么精美的策划方案,如果定位于错误的市场,把重点放在错误的方向上,最终必定偏离企业所希望达到的目标,而导致失败。所以在进行营销策划之前要找到一个最佳切入点,以及实现那些目标的战略直觉。这主要是通过界定问题来解决,即把问题简单化、明确化、重要化。

(六)环境分析

"知己知彼,百战不殆",这一部分需要策划者对环境比较了解。环境分析的内容包括市场状况、竞争状况、分销状况、宏观环境状况等。

(1)市场状况。即目前产品市场、规模、广告宣传、市场价格、利润空间等。列出近期目标市场的数据。通过年度相对指标对比,得出分析结果。

(2)竞争状况。对主要的竞争者进行辨认,并逐项描述他们的规模、目标、市场份额、产品质量、营销战略和其他特征,从而恰如其分地了解他们的意图和行为。

(3)分销状况。列出在各个分销渠道上的销售数量资料和重要程度。

(4)宏观环境状况。描述宏观环境的主要趋势(如人文、经济、技术、政治法律、社会文化),阐述它们与本企业产品的某种联系。

(七)SWOT分析

策划方案,是对市场机会的把握和策略的运用。分析问题,寻找市场机会,就成了营销策划的关键。找准了市场机会,可以极大地提高策划成功率。通常采取SWOT分析法,即对企业内部环境的优势(Strengths)、劣势(Weakness)、外部环境的机会(Opportunities)、威胁(Threats)进行全面评估。

(1)优势/劣势,即销售、经济、技术、管理、政策(如行业管制等政策限制)等方面的优势和劣势。

(2)机会/威胁,即分析市场机会与把握情况,市场竞争的最大威胁力与风险因素。

(3)SWOT综合分析,即综合分析市场机会、环境威胁、企业优势与劣势等战略要素,明确能够为企业有效利用的市场机会,尽可能将良好的市场机会与企业优势有机结合;同时要努力防范和化解因环境威胁和企业劣势可能带来的市场风险。

SWOT分析步骤:①确认当前的战略。②确认企业外部环境的变化(波特五力或者 PEST)。③根据企业资源组合情况,确认企业的关键能力和关键限制。④按照通用矩阵或类似的方式打分评价,把识别出的所有优势分成两组,打分的时候以两个原则为基础:一是与行业中潜在的机会有关,二是与潜在的威胁有关。用同样的方法把所有的劣势分成两组,一组与机会有关,另一组与威胁有关。⑤将结果在 SWOT 分析图上定位,或者用 SWOT 分析表将刚才的优势和劣势按机会和威胁分别填入表格。⑥进行战略分析。

(4)问题分析:在 SWOT 分析的基础上,明确在制订和实施市场营销战略计划过程中还必须妥善解决好的主要问题。

(八)营销目标

无论是什么方面的营销策划书,其主体内容都应当明确企业具体要达到的营销目标,如市场占有率、销售增长率、分销网点数、营业额及利润目标等。营销目标必须满足四个条件:(1)目标必须按轻重缓急有层次地安排。(2)在可能的条件下,目标应该用数量表示。(3)目标必须切实可行。(4)各项营销目标之间应该协调一致。

(九)营销战略

营销策划书中的营销战略部分,要清楚地表述企业所要实行的具体战略,包括市场细分、目标市场和市场定位三方面的内容。

市场细分的目的在于帮助企业发现和评价市场机会,以正确选择和确定目标市场。

目标市场,是指根据企业资源状况及实力,找准目标市场。

市场定位,是指企业为在目标顾客心目中寻求和确定最佳位置而设计产品和经营特色的活动。

(十)营销组合策略

确定营销目标、目标市场和市场定位之后,就必须着手准备在各个细分市场所采取的具体营销策略,以及确定相关的营销组合策略。

所谓营销组合,就是企业的综合营销方案,企业根据自己的营销目标与资源状况,针对目标市场的需要对自己可控制的营销策略(产品、价格、渠道、促销)进行优化组合和合理的综合运用。其中的促销又包括广告、销售人员、营业推广和公共关系。

(1)产品策略。阐述产品体系、品牌体系、品牌管理、包装体系、包装形式、包装设计等内容。

（2）价格策略。阐述定价原则、定价方法、价格体系、调价体系等内容。

（3）渠道策略。阐述渠道建设指导方针、渠道开发步骤、渠道网络架构、渠道激励措施等内容。

（4）促销策略。阐述人员推销、广告、营销推广、公共关系的方式方法。

（十一）行动方案

要实施营销策划，还要将各项营销策划转化成具体的活动程序。为此，必须设计详细的策划行动方案。在行动方案中，需要确定以下内容：

（1）要做什么作业？

（2）何时开始？何时完成？其中的个别作业为多少天？个别作业的关联性怎样？

（3）在何地？需要何种方式的协助？需要什么样的布置？

（4）要建立什么样的组织机构？由谁来负责？

（5）实施怎样的奖酬制度？

（6）需要哪些资源？各项作业收支预算为多少？

（十二）财务分析

财务分析主要是对策划方案各项费用的预算，包括营销过程中的总费用、阶段费用、项目费用等，其原则是以较少的投入获得最优效果。

预算费用是策划书必不可少的部分。预算应尽可能详尽周密，各费用项目应尽可能细化。预算费用应尽可能准确，能真实反映该策划案实施的投入金额。同时，应尽可能将各项花费控制在最小规模上，以求获得最大的经济效益。

（十三）策划控制方案

策划控制方案可分为一般控制方案和应急方案。

1. 一般控制方案

（1）每月或季度详细检查目标的达到程度。

（2）高层管理者要对目标进行重新分析，找出未达到的项目和原因。

（3）实施营销效果的具体评价方案要有经营理念、整体组织、信息流通渠道的畅通情况、战略导向和工作效率。

2. 应急方案

主要考虑市场信息的不确定性，需制订几套应急方案，其中须列出可能发生的所有特殊事件及发生这些特殊事件时的对策,以降低风险。

(十四)结束语

与前言呼应,使策划书有一个圆满的结束,主要是再次重申主要观点并突出要点。

(十五)附录

附录是策划书的附件,其内容对策划书起着补充说明作用,便于策划书的实施者了解有关问题的来龙去脉,并为营销策划提供有力的佐证。在突出重点的基础上,凡是有助于阅读者理解营销策划内容和增强阅读者对营销策划信任的资料都可以考虑列入附录,如引用的权威数据资料、消费者问卷的样本、座谈会记录等。列出附录,既能补充说明正文内容的问题,又显示了策划者负责任的态度,同时也能增加策划方案的可信度。作为附录,也要标明顺序,以便查找。

二、营销策划书的撰写技巧

一台戏如果情节生动有趣,剧本却拙劣苦涩,那么这台戏如果上演也会索然无味。策划书的写作也是如此,唯有形象有趣,才能吸引更多的人参与和支持。

要使策划书引人入胜,在写作时可以想象一下剧本的有关方法。剧本为了使读者一开始就进入入迷的状态,常常开始就制造一个悬念或描述一件使读者感兴趣的事件,一气呵成地提高观众的情绪,而且将这种气氛贯穿全剧。在这种气氛中,随着故事情节的进展,将剧情蕴含的意义及主题传达给观众。在策划书的写作中同样也可以运用这种技巧。

可信性、可操作性以及说服力是营销策划书的生命,也是营销策划将追求的目标,因此在撰写营销策划书时应十分注重可信性、可操作性以及说服力。

以下是在营销策划书撰写过程中常用的一些基本技巧:

(一)合理使用理论依据

要提高营销策划内容的可信性,更好地说服阅读者,就要为策划者的观点寻找理论依据,这是一个事半功倍的有效办法。但要防止纯粹的理论堆砌。

(二)适当举例说明

在营销策划书中,以举例来证明自己的观点,加入适当的成功与失败的例子既可以充实内容,又能增强说服力。在具体使用时一般以多举成功的例子为宜,选择一些国外先进的经验与做法,以印证自己的观点,效果非常明显。

(三)充分利用数字说明问题

策划报告书是为了指导企业营销实践,必须保证其可靠程度。营销策划书的内容应有根有据,任何一个论点最好都有依据,而数字就是最好的依据。在营销策划书中利用绝对数和相对数来进行比较对照是绝对不可少的,而且要使数字都有可靠的出处。

(四)运用图表,使内容视觉化

图表有着强烈的直观效果,并且比较美观,有助于阅读者理解策划的内容,用其进行比较分析、概括归纳、辅助说明等非常有效。策划书要形象生动,最好还应视觉化。

(五)突出重点,切勿面面俱到

在策划过程中,过分贪求是不可取的。贪得无厌往往使一个策划包含太多的构想,目标变得过多。

因此,一个优秀的策划人员一定不会贪心,他们会把构想浓缩,即使有很好的方案,只要与主题无关,就得删除。要记住:适当的舍弃是重要的策划技巧。

(六)准备若干方案,未雨绸缪

当拟订策划书时,并没有硬性规定一次只能做一个策划案。对于同一个主题,同时做出两三个策划案也是可以的。当然,有时策划者会过于自信,认为自己的工作是完美无缺的,但从企业的实践而言,在对策划进行审查时,一定会有种种意见出现,所以事先准备替代方案是明智的。

(七)有效利用版面设计,增强感染力

策划书视觉效果的优劣在一定程度上取决于版面设计,故有效利用版面安排也是策划书撰写的技巧之一。

一般版面设计时常用的技巧有:

(1)标题可以分为主标题、附标题、小标题、标题解说等,通过这种简练的文字,使策划书的内容与层次一目了然。

(2)用空白突出重点。用空白处将某一部分分开以示强调,这是使策划案易懂的常用版面设计方法之一。

(3)限制同一版面出现字体的数目。

(4)使用阴影突出、适度着色和其他的点缀方式。

(5)若使用识别符号来增加策划书版面的美感,最好在标题前加上统一的识别符号或图案来作为策划内容的视觉识别,而不致给人以杂乱的感觉。

(6)版面的排列、设计不应该一成不变。为了防止刻板老套,可以多运用图表、图片、插图、曲线图以及统计图表等,并辅之以文字说明,增加可读性。

(八)重视细节,完善策划书

细节往往被人忽视,但是对于营销策划书来说,这些细节却十分重要。因此,在书写营销策划书时还应注意以下几个问题:

(1)策划书中如果出现错字、漏字,就会影响阅读者对策划者的印象,特别是企业的名称、专业术语不能出现错误。

(2)一些专门的英文单词,差错率往往较高,在检查时要特别注意。

(3)纸张的好坏、打印的质量等都会对策划书本身产生影响。

第四章 市场营销环境分析

第一节 市场营销环境的概念及特点

一、市场营销环境的含义

市场营销环境是企业营销职能外部的不可控制的因素和力量,这些因素和力量是与企业营销活动有关的影响企业生存和发展的外部条件。

市场营销环境包括微观环境和宏观环境。微观环境指与企业紧密相连,直接影响企业营销力的各种参与者;宏观环境指影响微观环境的一系列巨大的社会力量。

市场营销活动与市场营销环境。市场营销环境通过其内容的不断扩大及其自身各因素的不断变化,对企业营销活动产生影响。

虽然企业营销活动必须与其所处的外部和内部环境相适应,但营销活动绝非只能被动地接受环境的影响,营销管理者应采取积极、主动的态度能动地去适应营销环境。在一定条件下,也可运用自身的资源,积极影响和改变环境因素,创造更有利于企业营销活动的空间。

二、市场营销环境的特点

(一)客观性

环境作为营销部门外在的不以营销者意志为转移的因素,对企业营销活动的影响具有强制性和不可控的特点。

(二)差异性

差异性即不同国家与地区、企业之间的营销环境千差万别。例如,从事服装业的企业,在服装面料、款式、颜色的选择上必须考虑当地消费者的偏好。北京与上海均是大都市,但两地的文化具有明显的不同,消费者对款式、面料、颜色的要求存在明显的差异。上海属于海派文化,受外来文化的影响较大,对色彩偏重于和谐,款式简洁,对棉料的要求不高;北京独有的京文化,对传统文化的东西相对偏爱,喜欢浓郁、鲜艳的色彩,喜欢较为夸张的款式,对面料的要求较高。因此,两地消费偏好的差异使服装企业在满足消费者需要时必须考虑环境的差异性。

(三)多变性

市场营销环境是一个动态系统,每一个环境都随着社会的发展不断变化。例如,随着经济发展,人民生活水平的不断提高,消费者的需求必然从追求生活数量发展到追求生活质量。由此,对企业提供的产品和服务提出了更高的要求。

(四)相关性

相关性即营销环境诸因素之间相互影响、制约。例如:①非典时期,对旅游、交通、餐饮、酒店影响很大。②汽车生产企业,因为油价持续走高,公众的环保意识不断增强,对汽车消费的热情明显下降,不得不调整营销策略以应对企业面临的新变化。

三、分析营销环境的意义

由于环境具有的差异性、动态性与相关性的特点,企业必须注重环境的研究,通过环境研究可以发现营销机会,避免环境的威胁。

(1)发现营销机会,即企业能取得竞争优势和差别利益的市场机会。

(2)避免环境的威胁,对企业发展不利的因素。例如,二战后美国出生率的下降,使专业生产婴儿产品的强生公司面临挑战,强生公司调整目标市场,除儿童市场外发展成人市场。

第二节 市场营销环境宏观分析

宏观营销环境指对企业营销活动造成市场机会和威胁的主要社会力量,包括人口、经济、自然、技术、文化等因素。企业一般只能通过调整企业内部人、财、物及产品定价促销渠道等可以控制的因素来适应其变化和发展。

一、人口环境

市场是由有购买欲望同时又有支付能力的人构成的。人口的多少直接影响市场的潜在容量。人口是构成市场的基本因素,在收入一定的情况下,一个国家总人口的多少,决定了市场容量的大小。

任何一个企业的产品都不可能面向所有的人口,所以,除了分析考察一国或一地区的总人口之外还要深入分析研究人口的地理分布、年龄结构、性别、家庭单位及人数等。

根据联合国提供的数字,2019年中国60岁以上的老人占中国人口总数的18.1%。2050年,中国老人总数将达到3亿。联合国的相关材料指出,中国在成功实施计划生育政策的同时也带来了一个人口老龄化问题,这意味着银色市场在日渐形成并逐渐扩大,工商企业应充分认识到这一点,关注银色市场的开发。

二、经济环境

经济环境指影响企业市场营销方式与规模的经济因素。主要指一个国家或地区的消费者收入、消费者支出、物价水平、消费信贷及居民储蓄等因素,是影响企业市场营销的最重要的因素。

企业的市场营销活动受到一个国家或地区的整体经济发展状况的制约。经济发展阶段的高低将会直接或间接影响企业的市场营销。

对于消费品市场而言,经济发展阶段较高的国家,在商品推销方面,重视产品基本功能的同时,更强调产品款式、性能及特色,会进行大量的广告宣传和销售推广活动,非价格竞争比价格竞争更占优势;而在经济发展阶段低的国家,则比较侧重产品的基本功能及实用性,价格竞争占一定优势。

在生产资料市场方面,经济发展阶段较高的国家重视投资大而能节约劳动力的生产设备,对劳动力的教育及技术水平要求也较高;而在经济发展阶段低的国家,生产设备多偏重于使用劳动力而节约资金,以符合国家劳动力与资金的合理比例。

三、自然环境

自然环境是指企业营销所需要或所影响的自然环境、自然条件及物质基础设施。自然环境中凡是能影响人类社会经济活动的因素均可称之为自然条件。自然条件分析涉及自然环境的各个基本要素。自然环境中凡是可供人类利用的物质与能量又可称为自然资源。

(一) 自然资源

自然资源是指一个国家或地区所具有的自然资源,是企业生产经营所需要的各种原材料、能源等,如水资源、石油、天然气、矿石等原材料。在开发替代能源的新兴市场的同时也对企业产品的包装、定位等诉求提出新的需求。联合国环境规划署(UNEP)曾定义自然资源为:在一定时间、地点条件下能产生经济价值,以提高人类当前和将来福利的自然环境因素和条件。

20世纪90年代以来,企业和公众面临的主要问题之一是日益恶化的自然环境。自然环境的发展变化对企业的发展越来越产生强烈的影响。所以,企业的最高管理层必须分析研究自然环境的发展动向。

一切企业的4Ps中产品开发的物质来源,最终都必然是来自一定的自然资源。自然资源的种类、数量、质量、分布情况、地域组合以及相关自然条件,不仅直接制约资源产品的开发方向、品种、质量、生产规模、保证程度,以及劳动生产率、生产成本与经济效益,而且从原料、燃料供应的角度还间接制约后续行业的产品开发。

如我国贵州、四川、安徽等省之所以形成一批驰名中外的优秀酿酒企业,形成独树一帜的酒文化,在很大程度上得益于当地的良好水质。认识和发现一定意义的自然资源,对企业从事相关产品的开发,以至整个市场营销工作的成败都会产生根本性影响。所以,企业在市场营销过程中,除了要抓市场机会,还得抓资源机会。如近年为了满足养生市场的需求,不少企业就把目光移向了各种生物资源,出现了开发纯天然保健饮品与食品的热潮。

(二) 自然条件

自然条件是指一个国家或地区的地形、地势和气候地理因素,它会影响消费者的需求特点,迫使企业的经营活动必须适应它。如四川、湖北由于气候潮湿,人们都喜吃辣,餐饮业就必须迎合这个需求。

自然条件不仅直接影响人类开发资源、利用自然、改造自然的生产资料需求状况,而且从外部环境方面广泛制约着人类日常生活最基本的需求,可以说人类在吃、穿、住、行、用等方面的需求特征都受到自然条件的直接或间接的制约。如气候条件因素就广泛影响人的穿戴、家用电器、食品饮料、化妆用品以及药品等生活资料的需求特征,自然条件及其时空变化给企业提供了极为广阔的市场机会。

自然条件的性质特征和时空分布还会影响企业市场营销的分销渠道及促销活动等各个方面。其威胁存在于:①文化的融合在一定程度上减少了自然条件对营销的影响。例如,空调的销售。②自然条件的突发性变化。③自然条件会对营销工作产生一定的经济壁垒。

(三) 物质基础设施

物质基础设施是指人类发展的物质文化的成果,如公共设施、交通设施、通信网络等,它是帮助企业进行营销活动的不可缺少的工具。

物质基础设施的改进——现代化、信息化营销,营销手段的多元化。

物质基础设施的破坏——营销活动的影响。如泰国水灾造成全球硬盘价格猛涨。

目前企业所面临的机会和威胁与自然环境的四种趋势紧密相连。

自然环境不仅与市场及其营销活动有着诸多直接关系,而且其作为宏观市场营销环境的物质基础,还能通过作用于其他环境因素,间接地影响企业的市场营销活动。其中自然环境对人口、经济、文化三方面环境的影响最为突出。从企业营销的角度分析,市场正是由与上述三方面环境密切相关的人口、购买力、购买意向三要素构成的,因此考察自然环境对这三方面因素的影响尤有意义。

自然环境深刻地制约着人口的地理分布,我国有60%以上的人口居住在仅占全国面积20%的海拔200m以下的地区,而热带非洲与拉丁美洲的传统居民又多分布在气候凉爽的高地上,地区人口数决定着该地区消费市场的潜在规模。自然环境还制约着各地区人口自然结构特征的差异,如年龄结构、身高体型结构等,由此影响到如服装等消费品需求的地区差异。自然环境还可通过影响各地区经济发展水平、经济结构与产业布局等影响制约企业市场营销。

优越的自然环境与资源有利于形成发达的商品经济和较高的经济收入,自然环境结构的地区差异又影响各地经济结构特征的不同,由此制约生产、生活资料的需求结构特征和区域间贸易的发展。受制于一定自然条件和资源条件的工农业生产布局、交通运输和商业布局,影响相关生产资料的需求特征和分销地域体系的建立。

俗话说:"一方水土养一方人。"自然环境的地区差异对各地居民的民风民俗、语言文字、价值观念、宗教信仰等都有明显影响,由此对各地商品需求特征、促销方式、广告设计、谈判与推销风格产生广泛而深刻的影响。如我国南方端午节划龙舟、吃粽子的风俗习惯即形成于水域广布的鱼米之乡。重庆作为炎热的山城和沟通四川盆地与长江中下游联系的两江交汇地,对形成重庆人耿直勇闯的性格多有熏陶。

自然环境构成了一国一地区人口与物质文化特征的基础,并在一定程度上决定一国一地区的经济特征,影响其经济与社会的发展。营销者如能深刻认识和分析一国一地区的自然条件、自然环境与市场营销的关系特征,就可推知和预见其整个市场营销环境的特色,从而把握住更多的营销机会,避免不必要的经营风险。

从营销学的角度看,自然环境的发展变化,给企业带来了一定的威胁,同时也给企业创造了机会。

例如,环境保护是各国极为重视的世界性课题,无疑对工业企业是一种极大的威胁。然而日本松下公司为适应这一环境,建立起了消除浪费、废物利用的生产体系,结果做到了生产电子零件的原材料100%利用,并用废物制造其他产品,获得重大成果,给企业创造了丰厚的利益。

目前,自然环境有以下四个方面的发展趋势:①原料的逐渐短缺或即将短缺。②能源短缺导致的成本增加。③污染日益严重。④政府对自然资源加大管理及干预力度。

四、科学技术

科技的发展对经济发展有巨大的影响,不仅直接影响企业内部的生产和经营,还同时与其他环境因素互相依赖、互相作用,给企业营销活动带来影响。技术创造了许多奇迹,如青霉素、心脏手术;技术也造出了恐怖的魔鬼,如氢弹、神经性毒气、冲锋枪;技术还造出了诸如汽车、电子游戏机等福祸兼备的东西。

正所谓破旧立新,新技术是一种创造性的毁灭力量。每一种新技术都会给某些企业造成新的市场机会,因而会产生新的行业,同时,还会给某个行业的企业造成环境威胁,使这个旧行业受到冲击甚至被淘汰,如激光唱盘对磁带的替代,E-mail对书信的替代等。

从目前来看,IT技术的介入,已经使消费者购物习惯发生了改变。比如网络营销及网上购物的出现,将从根本上改变市场营销的方式方法,同时也对经营管理者提出了新的要求。

新技术引起企业市场营销策略的变化。

(一)产品策略

由于科技迅速发展,新产品开发周期大大缩短,产品更新换代加速。因此,开发新产品是企业开拓市场和赖以生存发展的根本条件。

（二）分销策略

由于科技进步,引起人们的生活方式、兴趣、思想等差异性日益扩大,自我意识的观念日益加强。

(1) 使大量特色商店和自我服务的商店不断涌现(个性空间)。

(2) 从传统人员推销方式演变为自我服务方式(超市、自助餐)。

(3) 现代企业的实体分配已不是以工厂为出发点,而是以市场为出发点(消费者需求)。

（三）价格策略

新科技的发展,一方面降低了产品生产成本,从而使产品价格下降;另一方面通过信息技术,运用价值规律、供求规律、竞争规律来制订和修改价格策略。

（四）促销策略

科技发展引起促销方式多样化,尤其是广告媒体的多样化,广告宣传方式的复杂化。

人造卫星成为全球范围内的信息沟通手段,传真电视电话成为企业与顾客接触的有效广告媒体,电视购物与网上购物正在发展与普及。

五、政治法律环境

政治环境指企业市场营销的外部政治形势;法律环境指国家或地方政府颁布的各项法规、法令和条例等。由于企业的市场营销活动总受制于法律的约束,所以企业进行营销活动时也同样必须分析该国的法律法规和国际法,这样才能搞好国内和国际市场营销管理工作,避免因企业的违法行为而受到法律的制裁。随着我国经济体制改革和对外开放的不断深入,我国已日益重视经济立法与执法。

近年来,我国颁布了许多经济法规,如《中华人民共和国公司法》《中华人民共和国经济合同法》《中华人民共和国商标法》《中华人民共和国环境保护法》等。作为企业只有了解相关法律,才能保证自身严格按法律办事,同时又能运用法律的手段来保护企业自身的权益。有时,这些法律可为企业创造新的机会。例如,强制性的回收利用再循环法律给再循环行业产生了巨大的机遇。

一个国家的法律体现了该国政府的政策倾向,政府的政策往往是通过法律来实施的。因此,每一项新的法令法规的颁布或调整,都会影响企业的营销活动。一

国政府对营销活动实行法律干预,主要是考虑到以下三方面:

第一,对企业的限制,其目的在于指导、监督企业行为,保护企业间的公平竞争。

第二,对消费者的保护,维护消费者利益,制止企业非法牟利。

第三,对社会利益的维护,避免外部干扰本国经济,见表4-1。

表4-1 我国与企业营销有关的法律法规

名称	主要内容
《中华人民共和国经济合同法》	法人间经济合同的订立和执行、变更与解除、合同当事人的责任与权力,以及纠纷的解决等
《中华人民共和国价格管理条例》	价格的制定和管理、价格管理职责、企业的价格权利与义务、价格监督检查等
《中华人民共和国食品卫生法》	食品的卫生、食品添加剂、食品卫生标准和管理办法,食品卫生监督、法律责任等
《中华人民共和国消费者权益保护法》	消费者的权利、经营者的义务、国家对消费者合法权益的保护、消费者组织、争议的解决、法律责任等
《关于禁止侵犯商业秘密行为的若干规定》	商业秘密定义、商业秘密内容、商业秘密认定、处罚等
《中华人民共和国商标法》	商标注册的必要性、商标注册程序、商标的使用管理等
《中华人民共和国专利法》	保护发明创造的鼓励及推广等
《中华人民共和国广告法》	广告准则、广告活动、广告审查、法律责任等
《中华人民共和国反不正当竞争法》	不正当行为、监督检查、法律责任等
《中华人民共和国产品质量法》	产品质量的监督管理、生产者和销售者的产品质量责任和义务,损害赔偿,等等
《中华人民共和国海关法》	海关的权力,进出口运输工具的海关规定,进出口货物和物品的海关规定、关税、法律责任,等等
《中华人民共和国公司法》	有限责任公司的设立,组织机构、股份有限公司的设立,组织机构、股份有限公司的股份发行和转让,公司财务会计,公司合并分立,公司破产,等等

六、社会文化环境

社会文化主要指一个国家、地区的民族特征、价值观念、生活方式、风俗习惯、宗教信仰、伦理道德、教育水平、语言文字等的总和。社会文化作为人们一种适合本民族、本地区、本阶层的是非观念,会强烈影响消费者的购买行为,使生活在同一社会文化范围的成员的个性具有相同的方面,它是购买行为的习惯性、相对稳定性的重要成因。

(一)物质文化

物质文化是指人们所创造的物质产品以及用来生产产品的方式、技术和工艺。物质文化体现一个社会的生活水平和经济发展程度,通常用技术和经济状态来表述。物质文化的差异直接反映需求水平和需求模式的差异。例如,缺乏供电系统的地区,空调、冰箱等耗电量较多的家用电器的销售就受到限制。所以,进入一个新市场之前,一定要对当地的运输、通信、动力系统、金融保险系统、市场保障系统做出调查评估。

(二)社会组织

社会组织是指社会中人与人之间的联系方式,可以按血缘关系、年龄、性别、目标和利益等标志划分社会组织的类型,如家庭、老年人组织、女性社团、政府等。社会组织使社会群体有一个能被普遍接受的行为规范,从而影响在不同群体中的市场营销活动。例如,在西班牙裔社会和东南亚国家,长者往往是最有影响力的消费决策人;在美国,青少年在家庭消费上的影响力在逐渐增大;在瑞士,大多数妇女不愿使用家电设备,以免被人误以为是"懒惰的主妇",而许多美国妇女则不愿被家务所累,要节省更多的时间参加社交活动。

(三)教育

教育是通过正规及非正规的训练对受教育者施以影响的一种活动。一国教育水平的高低受社会生产力、经济状况的影响,同时也反映生产力发展程度和经济状况的改变,影响着人们的文化素质、消费结构、消费偏好和审美观。因此,教育状况影响企业选择目标市场。例如,在教育程度低、文盲率高的国家,现代化商品,尤其是较复杂的生产机器设备不易被广泛接受;在教育水平低的国家,缺乏专门的调研机构和高素质的调研人员、销售人员;在文盲率较高的国家,应在文字宣传说明的基础上,加强广告、电视、图片、现场示范表演等较为直观的宣传手段;而教育水平高的国家更注重包装、品牌、广告、附加功能和服务方面的满足感。

近年来,世界各国的教育水平在不断提高,尤其是女性文盲率在下降,高学历的女性人数在迅速增加。这些变化要求营销人员要用更智慧的办法应对日益聪明起来的消费者。

(四)宗教信仰

宗教作为文化的重要组成部分,影响和支配着人们的生活态度、价值观念、风俗习惯和消费行为。企业的营销人员需要了解目标市场中各种宗教的节日、仪式和禁忌,努力获得宗教组织的支持,以便利用有利的营销机会,创造或扩大市场。

(五)价值观念

价值观念是人们对社会生活中各种事物的评判标准。价值观念随人们所处的社会文化环境不同而相异,而不同的价值观念又深刻地影响着人们的购买偏好。人们在价值观上的差异主要表现在对时间、风险和金钱的态度。例如,在对时间的态度上,美国人生活节奏快、讲究效率,谈生意喜欢开门见山,而阿拉伯国家和欧洲部分国家则偏向于做事四平八稳,谈生意需要花较长时间交谈与生意无关的事情。在对金钱的态度上,美国人崇尚现实消费的满足,常常超前消费、追求方便和舒适的产品,是一次性产品的庞大市场,而在一些较保守的小生产观念国家则难以接受这种观念和消费方式。因此,营销人员应针对不同的价值观念采取不同的营销策略,以迎合不同价值观念影响下的人们的购买偏好。

(六)风俗习惯

风俗习惯是人们在长期的生活中形成的习惯性的行为模式和行为规范,风俗习惯是人们世代沿袭下来的社会文化的一部分,在饮食、婚丧、服饰、节日、居住、人际关系、商业等方面都表现出独特的心理特征、生活习惯和消费习惯。例如,在饮食上,法国人爱饮酒;日本人好吃生鱼片和在中国难登大雅之堂的酱菜;韩国人喜吃辛辣但不油腻的菜肴;巴西人则很少吃早餐。在我国,各地有不同的饮食习惯,八大菜系各具特色。在服饰上,东方女性一般在正式场合穿较保守的服装;西方女性大多穿较开放的晚礼服赴宴。在人际交往和商业习俗方面,阿拉伯人喜欢正式谈判前的寒暄,喜欢观察对方的眼睛;美国人喜欢开门见山,速战速决;日本人则喜欢保持沉默或用"哈嘻"来委婉拒绝对方。

例如,在饮食方面,我国的云贵川地区喜辣,江浙地区喜甜,山西喜酸,广东喜鲜,各具特色。再如,在我国,人们在新年前夕,要购买各种食品、礼品,贴春联进行庆祝;而在西方国家,人们每逢12月25日圣诞节前,就购买圣诞树、礼品、食品,欢度圣诞节。各地习俗要求市场营销必须有针对性,提供适当的产品。同时,习俗也给厂家提供了机会,可以说,当今假日经济的火热与各地习惯有着密切联系。

虽然风俗习惯具有高度的持续性和强烈的区域性,但随着频繁的文化交流,某些风俗习惯会发生变化。因此,营销人员不仅要研究不同的风俗习惯,还要研究不同的风俗习惯之间的相融程度,以更好地适应千变万化的市场。

(七)审美观

审美观是人们对美丑、雅俗、好坏、善恶的评判,包括对艺术、音乐、颜色、形状等的鉴赏力。通常随着国家、民族、地域、宗教、社会阶层、教育等的差异在审美观念上也存在着不同。在罗马尼亚,三角形和环形颇受欢迎;在中东,六角形的图案、包装受排斥。白色,在亚洲表示丧事;在摩洛哥表示贫困;在西方则会作为婚纱的颜色。人们的审美观受传统文化的影响,同时也反映一个时代、一个社会变迁的美学追求。在我国传统的婚礼上,汉族新娘穿红色民族服装表示喜庆,如今,新娘也穿上了白色婚纱。

文化形成后并非一成不变,会随着时间的推移而发生变化。它的变动既可以创造新市场,也可以毁掉千辛万苦建立起来的市场。因此,研究分析文化环境要用发展的眼光,以适应变化着的文化环境和变化着的市场。

第三节 市场营销微观环境分析

市场的微观环境,是市场营销学的一个重要的研究领域。

企业的微观营销环境包括企业本身、市场营销渠道企业、顾客、竞争者和社会公众,营销活动能否成功,除营销部门本身的因素外,还要受这些因素的直接影响。

虽然微观环境与宏观环境都是影响企业的外部因素的集合,但两者是有区别的:第一,微观环境对企业市场营销活动的影响比宏观环境更为直接;第二,微观环境中的一些因素在企业的努力下可以不同程度地得到控制。把市场营销环境分为宏观环境与微观环境,有利于区别和掌握市场营销活动的作用程度。

一、企业内部

企业营销部门与财务、采购、制造、研究与开发等部门之间既有多方面的合作,也存在争取资源方面的矛盾。

二、供应商

供应商指向企业及其竞争者提供生产经营所需原料、能源、资金等生产资源的企业或个人。随着社会大生产的发展，企业专业化程度越来越高，分工越来越细，企业不可能完成从原材料加工到成品生产的全部过程。一辆整车是由全世界各地的供应商提供元部件，一台电脑在中国生产主板，在马来西亚生产机身，在台湾组装是很常见的事情。

三、营销中介

营销中介指协助企业进行产品经销或销售，将产品最终销售给购买者的机构，包括中间商和代理商。前者是转售商品的企业，对其经营的商品有所有权，如批发商、零售商。后者又称经纪商，替生产企业寻找买主，推销产品，对其经营的产品无所有权。

四、顾客

顾客是企业服务的对象，也是营销活动的出发点和归宿。企业的一切营销活动都应以满足顾客的需要为中心。因此，顾客是企业最重要的环境因素。

为便于深入研究各类市场的特点，国内顾客市场按购买动机可分为四种类型，连同国际市场，企业面对的市场类型有以下几种：①消费者市场。②生产者市场；③中间商市场。④非营利组织市场。⑤国际市场。

五、公众

公众指对企业实现营销目标的能力有实际或潜在利害关系和影响力的团体或个人。企业所面临的公众主要有以下几种：①融资公众。②媒介公众。③政府公众。④社团公众。⑤社区公众。⑥一般公众。⑦内部公众。

六、竞争者

企业在市场上面临着四种类型的竞争者：

(1)愿望竞争者，即满足消费者的各种目前愿望，与本企业争夺同一顾客购买力的所有其他企业。

如通用汽车公司可将房地产、耐用消费品、旅游等公司都看作竞争者,因为顾客若买了房子或其他耐用消费品,就可能无力购买汽车。

(2)一般竞争者,即提供不同种类的产品,满足购买者某种愿望的企业。

如:通用汽车公司不仅以所有轿车制造商为竞争者,而且将摩托车、自行车、卡车制造商都看作竞争者。

(3)产品形式竞争者,即提供同种但不同型号的产品,满足购买者某种愿望的企业。

如:通用汽车公司的竞争者就包括了所有生产轿车的公司。

(4)品牌竞争者,即提供同种产品的各种品牌,满足购买者某种愿望的企业。

如通用汽车公司以福特、丰田、本田及其他提供同种档次的轿车制造商为主要竞争者,而并不把生产其他类型轿车的公司看作是自己的竞争者。

所以竞争者不仅包括本行业的竞争者,同时还包括潜在竞争力量。比如钢笔的竞争对手不光包括铅笔、圆珠笔、中性笔等同行业,还包括电脑、录音笔等潜在竞争者。

第四节 市场营销环境分析

一、外部环境分析

外部环境对企业的影响是通过机会和威胁表现出来的。

营销环境的变化不仅会给企业带来威胁,同时也给企业带来了市场机会。企业分析市场营销环境,意义在于使企业能了解所处的环境状况及预见环境的发展趋势,辨清所处环境给企业带来的各种威胁或机会,从而采取有针对性的营销策略。

(一)环境威胁

指营销环境中出现的不利于企业营销的发展趋势及因素。例如,能源危机对汽车行业形成的威胁、限制性法律对烟酒业造成的威胁等。企业若不能及时对此采取相应的策略,不利趋势将影响企业的市场地位。例如,二战后美国出生率的下降,使专业生产婴儿产品的强生公司面临挑战,强生公司调整目标市场,除儿童市场外增加发展成人市场。

(二) 市场机会

市场机会指营销环境变化中出现的有利于企业发展的趋势或对企业经营赋予吸引力的领域。例如,全民健身运动创造的体育用品销售机会,我国法定长假的实施为商业、旅游业、汽车行业等创造的商机。有些机会犹如昙花一现,可谓机不可失,时不再来。企业营销人员对商机的把握极为重要。美国商业奇才亚默尔就是一个善于发现和把握机会的人。

二、内部环境分析

(一) 波士顿矩阵分析法

波士顿矩阵分析法是美国波士顿咨询公司(Boston Consulting Group)发明的一种被广泛运用的业务组合分析方法,即用市场增长率—相对市场占有率矩阵对企业的战略事业单位或产品进行分类和评估的一种分析方法。如图4-1所示。

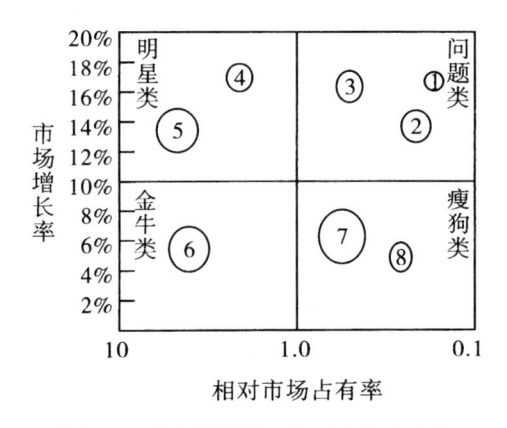

图4-1 市场增长率—相对市场占有率

纵向:销售增长率,市场增长率,反映产品在市场上的成长机会和发展前途。

横向:相对市场占有率,表示企业的竞争实力大小。

相对市场占有率:表示业务单位的市场占有率与最大竞争对手的市场占有率之比。

(1)明星类:高销售增长率与高相对市场占有率。具有良好的发展前景,企业必须投入大量资源,以支持其快速发展。

(2)金牛类:低销售增长率与高相对市场占有率。企业的主要利润来源,不需大量资源投入,为其他业务单位的发展提供财力支持,企业应大量培植金牛类业务,尽量延长其生命期。

(3)问题类:高销售增长率与低相对市场占有率。现金需求量大,市场占有率低,存在各种问题,前景未卜,需慎重考虑、认真筛选,一部分进行必要的投资促使其成为明星产品,对于没有前景的或无法解决问题的应坚决淘汰。

(4)瘦狗类:低市场增长率与低相对市场占有率。该类业务多处于成熟后期或衰退期,通常是微利、保本甚至亏损,一般应放弃,但在少数情况下,经过努力可发展成为金牛业务。

分析:企业共8个业务单位或产品,其中问题产品3个,明星产品2个,金牛产品1个,瘦狗产品2个,问题产品、瘦狗产品偏多,所以企业发展后劲不足,企业实力较差。

制订业务组合或产品计划,确定各业务单位或产品的投资策略:

(1)发展策略:大力投资,适于明星类和有发展前途的问题类产品。

(2)维持策略:维持现状,适于金牛类产品。

(3)缩减策略:缩减投资,主要适用于问题类和瘦狗类产品。

(4)放弃策略:清仓处理,主要适用于没有前途和亏损的问题类与瘦狗类产品。

(二)SWOT 分析法

1. SWOT 的含义

SWOT 分析法(自我诊断方法)是一种能够较客观而准确地分析和研究一个单位现实情况的方法。利用这种方法可以从中找出对自己有利的、值得发扬的因素,以及对自己不利的、如何去避开的东西,发现存在的问题,找出解决办法,并明确以后的发展方向。

SWOT 四个英文字母代表 Strength、Weakness、Opportunity、Threat。意思分别为:S,强项、优势;W,弱项、劣势;O,机会、机遇;T,威胁、对手。整体上看,SWOT 可以分为两部分。第一部分为 SW,主要用来分析内部条件;第二部分为 OT,主要用来分析外部条件。

2. SWOT 分析的一般方法

SWOT 分析是一种对企业的优势、劣势、机会和威胁的分析。在分析时,应把所有的内部因素(包括公司的优势和劣势)都集中在一起,然后用外部的力量来对这些因素进行评估。这些外部力量包括机会和威胁,它们是由于竞争力量或企业环境中的趋势所造成的。这些因素的平衡决定了公司应做什么以及什么时候去做。企业可按以下步骤完成这个SWOT分析表。

(1)把识别出的所有优势分成两组,分的时候应以下面的原则为基础:看看它们是与行业中潜在的机会有关,还是与潜在的威胁有关。

(2)用同样的方法把劣势分成两组。一组与机会有关,另一组与威胁有关。

(3)建构一个表格,每个占1/4。(参见图4-2)

	内部因素		
外部因素	2 利用这些	3 改进这些	机会
	监视这些	1 消除这些	威胁
	优势	劣势	

图4-2 SWOT分析

(4)把公司的优势和劣势与机会或威胁配对,分别放在每个格子中。SWOT表格表明公司内部的优势和劣势与外部机会和威胁的平衡。

企业计划中一定要包含以下步骤。

(1)在某些领域内,企业可能面临来自竞争者的威胁,或者在变化的环境中,有一种不利的趋势,在这些领域或趋势中,公司会有些劣势,要把这些劣势消除掉。

(2)利用那些机会,这是公司真正的优势。

(3)某些领域中可能有潜在的机会,把这些领域中的机会加以改进。

(4)对目前有优势的领域进行监控,以便在潜在的威胁可能出现的时候不感到吃惊。

3. 优势/劣势分析

(1)优势分析。

①技术技能优势。独特的生产技术,低成本生产方法,领先的革新能力,雄厚的技术实力,完善的质量控制体系,丰富的营销经验,上乘的客户服务,卓越的大规模采购技能。

②有形资产优势。先进的生产流水线,现代化车间和设备,拥有丰富的自然资源储存,吸引人的不动产地点,充足的资金,完备的资料信息。

③无形资产优势。优秀的品牌形象,良好的商业信用,积极进取的公司文化。

④人力资源优势。关键领域拥有专长的职员,积极上进的职员,很强的组织学

习能力,丰富的经验。

⑤组织体系优势。高质量的控制体系,完善的信息管理系统,忠诚的客户群,强大的融资能力。

⑥竞争能力优势。产品开发周期短,强大的经销商网络,与供应商良好的伙伴关系,对市场环境变化的灵敏反应,市场份额的领导地位。

(2)劣势分析。

①缺乏具有竞争意义的技能技术。

②缺乏有竞争力的有形资产、无形资产、人力资源、组织资产。

③关键领域里的竞争能力正在丧失。

公司不应去纠正它的所有劣势,也不应对其优势不加利用。主要的问题是,公司应研究它究竟是只局限在已拥有优势的机会中,还是去获取和发展一些优势以找到更好的机会。

(三)矩阵分析法

1. 市场机会矩阵分析法

机会是指营销环境中对企业营销的有利因素,即企业可取得竞争优势和差别利益的市场机会(见图4-3)。

	成功概率高	成功概率低
吸引力大	1	2
吸引力小	3	4

图4-3 市场机会矩阵

在图4-3的四个象限中,第1象限是企业所面临的最佳机会,必须引起足够重视。第2、第3象限也不能忽视,因为第2象限虽然成功率低,但是吸引力很大;第3象限虽然吸引力小,但是成功概率高,两者一旦转化,会给企业带来市场机会。第4象限机会太小,可以不必考虑。

2. 环境威胁矩阵分析法

威胁是指一种不利发展的趋势所形成的挑战,如果缺乏果断的营销行动,这种不利趋势将会侵蚀公司的销售或利润。有关环境的威胁可按威胁的严重性和发生概率来分类。(见图 4-4)。

		成功概率	
		高	低
严重性	大	1	2
	小	3	4

图 4-4 环境威胁矩阵

在图 4-4 环境威胁矩阵的四个象限中,第 1 象限的威胁是关键性的,它们会严重危害公司的利益,而且出现的概率很高。公司需要为每一个这样的威胁准备一个应变计划,这些计划要包括在威胁出现之前或在威胁出现时,公司应进行哪些改变。第 4 象限的威胁比较小,出现的概率低,严重性也小。但第 2、第 3 象限的威胁需要加以注意,因为只要第 2 象限中的发生概率由低到高,或第 3 象限中的严重性由小到大,公司的发展将受到严重威胁。

第五章　消费者市场与生产者市场的关系

消费者市场是消费品市场营销活动的出发点和归宿点,最终决定着工业品市场需求水平。组织市场也是产品销售的重要对象,但其购买行为与消费者有很大的不同。

第一节　消费者市场

一、消费者市场的含义与特征

(一)消费者市场的概念

消费者市场又称消费品市场或生活资料市场,是指个人或家庭为满足生活需求而购买商品的市场。企业营销通过对消费者购买的研究,来掌握其购买行为的规律,从而制定有效的市场营销策略,实现企业营销目标。

(二)消费者市场的特点

(1)购买者多而分散。消费者市场是一个人数众多、幅员广阔的市场。

(2)购买量少,多次购买。

(3)购买的差异性大。消费者因受年龄、性别、职业、收入、文化程度、民族、宗教等许多因素影响,其需求有很大的差异性,对商品的要求也各不相同。例如,"70后""80后""90后"的消费观念就截然不同。

(4)大多属于非专家购买。绝大多数消费者购买缺乏相应的专业知识,尤其是对某些技术性较强、操作比较复杂的商品。例如,空气能热水器,对空气能工作原理就显得知识缺乏。

(5)购买的周期性。有些商品消费者需要常年购买、均衡消费,如食品、副食品、牛奶、蔬菜等生活必需商品;有些商品消费者需要季节购买或节日购买,如中秋节、儿童节的节日消费

(6)购买的时代特征。消费者购买常常受到时代精神、社会风俗习惯的导向，从而使人们产生一些新的需要。如苹果公司发明触摸屏智能手机以后，触摸屏替代键盘成为时代的风尚，随之流行起来。

(7)购买的发展性。随着人民消费水平、生活质量的提高，消费需求呈现出由少到多、由粗到精、由低级到高级的发展趋势。

二、消费品的分类

(一)按购买习惯分，分为便利品、选购品和特殊品

(1)便利品。便利品又称日用品，是指消费者日常生活所需、需重复购买的商品，例如粮食、饮料、洗衣粉等。在消费者看来，便利品的价格、质量、售后服务等差异很小或没有差异，消费者在购买这类商品时，一般不愿花很多的时间比较价格和质量，愿意接受其他替代品。因此，便利品的营销者，应注意分销的广泛性和销售网点的合理分布，以便消费者能及时地就近购买。

(2)选购品。选购品指价格比便利品要贵，消费者购买时愿花较多时间对不同厂家的商品进行比较之后才决定购买的商品，如服装。消费者在购买前，对这类商品了解不多，因而在决定购买前总是要对同一类型的产品从价格、款式、质量等方面进行比较。选购品的营销者应将销售网点设在商业网点较多的商业区，并把同类产品销售点相对集中，以便顾客进行比较和选择。

(3)特殊品。特殊品指消费者对其有特殊偏好并愿意花较多时间去购买的商品，如电视机、电冰箱、化妆品等。消费者在购买前对这些商品有了一定的认识，偏爱特定的品牌，不愿接受替代品。因此，企业应注意创立品牌，同时要切实做好售后服务工作，以赢得消费者的青睐。

(二)按耐用程度分，分为耐用品和非耐用品

(1)耐用品。耐用品指能多次使用、寿命较长的商品，如电视机、电冰箱、音响、电脑等。消费者购买这类商品时，决策较为慎重。这类商品的生产企业，要注重提高产品质量，营销时要强调质量和售后服务，降低消费者的使用成本。

(2)非耐用品。非耐用品指使用次数较少、消费者需经常购买的商品，如食品、文化娱乐品等。生产这类产品的企业，除应保证产品质量外，要特别注意销售网点的布局，以方便消费者的购买。

三、消费者行为模式

(一)消费者行为的概念

消费者行为,是指消费者为获取、使用、处置消费物品或服务所采取的各种行动,包括先于且决定这些行动的决策过程。

(二)消费者行为的构成

消费者行为可以看成由两个部分构成:一是消费者的购买决策过程。购买决策是消费者在使用和处置所购买的产品和服务之前的心理活动和行为倾向,属于消费态度的形成过程。二是消费者的行动。消费者行动是购买决策的实践过程。在现实消费生活中,消费者行为的这两个部分相互渗透、相互影响,共同构成了消费者行为的完整过程。

传统上,对消费者行为的研究,重点一直放在产品、服务的获取上,关于产品的消费与处置方面的研究则相对地被忽视。随着对消费者行为研究的深化,人们越来越深刻地认识到,消费者行为是一个整体,是一个过程,获取或者购买只是这一过程的一个阶段。不仅需要了解消费者是如何获取产品与服务的,而且也需要了解消费者是如何消费产品,以及产品在用完之后是如何被处置的。因为消费者的消费体验、消费者处置产品的方式和感受均会影响消费者的下一轮购买,也就是说,会对企业和消费者之间的长期交换关系产生直接的作用。研究消费者行为,既应调查、了解消费者在获取产品、服务之前的评价与选择活动,也应重视在产品获取后对产品的使用、处置等活动,只有这样,对消费者行为的理解才会趋于完整。

(三)消费者行为模式

消费者行为模式是对消费者购买行为中的某些共性或规律性的总结性描述。有科特勒的刺激—反应模式、恩格尔·科拉特·布莱克威尔模式(Engel Kollat Blackwell,EKB 模式)和霍华德·谢思模式(Howard Sheth),其中以科特勒的刺激—反应模式最为著名。

刺激—反应模式认为,消费者购买决策受外部的环境因素、营销因素影响,不同的消费者特征对外部刺激的反应不同,最终消费者在外部和内部因素共同作用下做出决策(见图 5-1)。

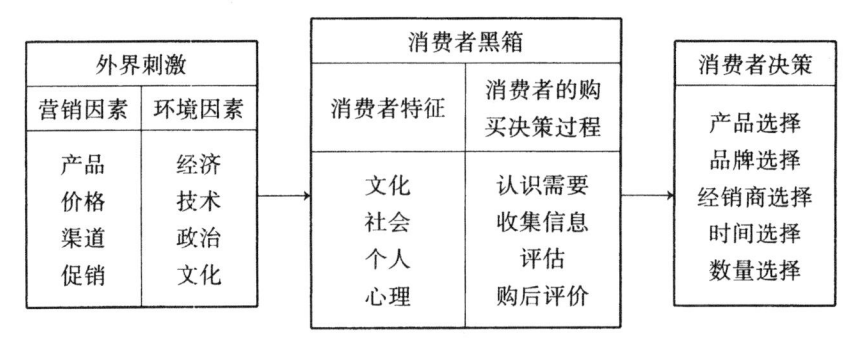

图 5-1 消费者购买行为模式

四、影响消费者行为的因素

企业营销的主动权,来源于对消费者的购买欲望、购买规律以及购买过程中整个消费心理活动的深刻了解。消费者不可能在真空里做出购买决策,其购买决策在很大程度上受到文化、社会、个人和心理等因素的影响(见图5-2)。

图 5-2 影响消费者行为的因素

(一) 文化因素

文化是人类知识、信仰、艺术、道德、法律、美学、习俗、语言文字以及人作为社会成员所获得的其他能力和习惯的总称。文化是人们在社会实践中形成的,是一种历史现象的沉淀,同时,文化又是动态的,处于不断发展的变化之中。在每一种文化中,往往还存在着许多在一定范围内具有文化同一性的群体,他们被称为亚文化群,如国籍亚文化、种族亚文化、地域亚文化等。文化对消费者行为的影响主要体现在价值观念、物质文化、审美文化几个方面。

价值观念是指人们对社会生活中各种事物的态度和看法。不同的文化背景,人们的价值观念相差很大。例如,美国人希望得到个人最大限度的自由,追求超前享受,人们在购买住房、汽车等时,愿意分期付款或向银行贷款。而在中国,由于各种原因消费者喜欢储蓄、不喜欢负债,习惯了攒够钱再买东西,人们购买商品往往局限于货币支付能力的范围内。

物质文化由技术和经济构成,它影响需求水平、产品的质量、种类、款式,也影响着这些产品的生产与销售方式。例如,电动剃须刀、多功能食品加工机等小电器,在发达国家已经完全被接受,而在某些贫困国家不仅看不到或没人要,而且往往被视为一种奢侈与浪费。

审美标准通常指人们对事物的好坏、美丑、善恶的评价标准。由于审美标准对理解某一特定文化中艺术的不同表现方式、色彩和美好标准等象征意义起了很大的作用,所以市场营销人员尤其要把握和重视审美标准。如果对一个社会的审美标准缺乏文化上的正确理解,产品设计、广告创意就很难取得成功。如果对审美标准感觉迟钝,不但产品的款式与包装不能发挥效力,而且还会冒犯潜在的消费者,或者造成不良印象。

(二)社会因素

社会因素包括消费者的家庭、参考群体和社会阶层等。

1. 家庭

家庭有不同的类型,因而有不同的决策模式。社会学家曾经把家庭分为四种类型:①各自为主型。②丈夫支配型。③妻子支配型。④共同支配型。不同的家庭决策模式有不同的购买行为特征。家庭对一个人消费行为的影响会持续一生,或者受其出生家庭的影响,或者受其后来家庭的影响。一个人一生中要经历两个家庭:

父母的家庭——当消费者做购买决策时,受这个家庭影响比较间接。

自己的家庭——当消费者做购买决策时,受现有家庭影响比较直接。

每一阶段的家庭都会根据自己的财务收支状况来购买最感兴趣的商品,营销人员通常把某一阶段的家庭当作自己的目标市场,发展适当的营销计划。

表 5-1　家庭与购买行为关系

家庭阶段	购买行为模式
单身期	没有经济负担,是新观念的倡导者,需要必要的厨房用品、家具、汽车、娱乐、度假
新婚期	购买耐用消费品
满巢一期:最小的孩子不到6岁	经济状况不足。购买婴儿食品、玩具、手推车、维生素
满巢二期:最小的孩子超过6岁	经济状况较好。购买大包装、多组合的产品,大量的食品、清洁用品、自行车、乐器、子女教育投资
满巢三期:老夫妻,身边还有未自立的子女	有些子女参加工作,经济状况较好。耐用品的购买量很大,新颖的家具、旅游
空巢工作期:子女独立,老夫妻	经济富裕,对旅游、娱乐、自我教育感兴趣
空巢退休期	收入下降,购买医疗器械,有助于健康、睡眠、消化的保健产品
鳏寡就业期	收入不错,可能购买较小的房屋
鳏寡退休期	特别需要关怀、照顾与安全感,需要医疗、保健品

2. 参考群体

一个人的消费行为受到许多参考群体的影响。参考群体包括家庭、朋友、邻居、同事等主要群体和宗教组织、专业组织和行业工会等次级群体。有些产品和品牌深受参考群体的影响,每天直接关系且影响较大的有名人专家、影星、歌星、体育明星等。有些产品和品牌则很少受到参考群体的影响。对那些深受参考群体影响的产品和品牌,营销者必须设法去接触参考群体的意见领袖,由意见领袖将相关的信息传递给他们。

3. 社会阶层

决定社会阶层的因素分为三类:经济变量、社会互动变量和政治变量。经济变量包括职业、收入和财富,社会互动变量包括个人声望、社会联系和社会化;政治变量则包括权力、阶层意识和流动性。

以组织资源、经济资源、文化资源三个因素作为阶层区分标准,将当前中国社会分成十大社会阶层,即国家与社会管理者阶层、经理人员阶层、私营企业主阶层、专业技术人员阶层、办事人员阶层、个体工商户阶层、商业服务业员工阶层、产业工人阶层、农业劳动者阶层、城乡无业失业半失业者阶层。

(三) 个人因素

消费者购买决策也受个人特性的影响,特别是受其年龄与性别、职业与教育、生活方式、个性与自我观念的影响。

1. 年龄与性别

男女之间在购买内容和购买方式上的差异特别明显。例如,购买大件耐用消费品及技术含量较高的商品往往由男士出面,而购买家庭日用消费品则多数是女士的专利。夫妇俩逛街时,女士爱看服装与化妆品,男士却关心音响图书与设备。购买商品时,大多数男士不挑不选,拿了就走,而大多数女士则要反复挑选,甚至还要讨价还价。了解不同年龄层次和不同性别消费者的购买特征,才能对于不同的商品和顾客制订准确的营销方案。

2. 职业与教育

职业不同消费模式和购买行为则不同(工人、农民、教师等)。

3. 生活方式

生活方式指一个人在生活方面所表现出来的兴趣、观念和看法。

4. 个性与自我观念

每个人都有与众不同的个性,即一个人所特有的心理特征,如外向或内向、乐观或悲观、自信或自卑、活泼或文静、适应或保守等。与个性有关的另一种因素是自我观念,或称自我形象,即一个人在心目中认为自己是什么样的人,或认为在别人心中是什么样的人。

(四) 心理因素

人的行为是受其心理活动支配和控制的。尽管消费者的需求千变万化,购买行为千差万别,但都建立在心理活动过程的基础上。影响消费者心理活动过程的主要因素有需要、认知、态度、学习等。

1. 需要

心理学家认为,消费者的购买行为是一种需要满足的行为。

经济学家根据马斯洛的需要层次论,对商品进行了分类:

(1) 功能类产品。主要满足人们的物质需要的,使用性较强的产品,如食品、普通服装等。

（2）渴望类产品。主要满足安全、防卫、护身的需要,大部分是日常生活用品、保健用品、化妆用品、体育、医药用品等。

（3）地位类产品。主要显示自己所处社会地位和社会阶层归属的需要,如我国目前私人购买的小轿车等。

（4）威望类产品。主要能够表明该产品的拥有者在某些方面的成功或具有某些方面的威望的需求,如珠宝、高档服装和高档家具。

马斯洛需求层次论:生理需要、安全需要、社会需要、尊重需要、自我实现需要。

2. 认知

消费者对商品的感觉、知觉、记忆与思维构成了对商品的认知。

感觉:指购买者通过视、听、嗅、味、触觉对自己所接触到的商品所引起的内在反应。

知觉:是被理解和接受了的感觉,是整体反应。有三种知觉过程:

（1）选择性注意:消费者只注意了部分外界的信息(打算买汽车的人会十分留意汽车信息而不在意计算机信息)。

（2）选择性曲解:人们总是按照他自己的主观意识来理解信息。

（3）选择性记忆:指人们易于记住与自己的态度和信念一致的信息。

3. 态度

消费者若持肯定态度,则会推动其完成购买行为;若持否定态度,则会阻碍甚至中断其购买行为。

日本本田公司的摩托车进军美国市场时,曾面临公众对摩托车所持的否定态度,因为公众将它同流氓犯罪活动联系在一起。本田公司以"你可在本田车上发现最文雅的人"为主题,大力开展促销活动,广告画面上的骑车人都是教授、美女等,于是逐渐改变了公众对本田摩托车的态度。

4. 学习

学习是指消费者在购买和使用商品实践中逐渐获得和积累经验,调整购买行为的过程。通常情况下,学习并非一次性全部完成,而是随经验和试行不断加强。学习曲线告诉我们:假设购买特定品牌产品,消费者在购买三次后,第四次购买同一品牌的概率约为62%,第六次重复购买该品牌的概率达76%。

五、消费者购买决策过程的参与者

(1)倡议者——首先想出或提出要购买某种商品或服务的人。

(2)影响者——其观点和建议对最终购买决策有较大影响的人。

(3)决策者——最终做出部分或全部购买决策的人(买什么、是否买、如何买、何处买)。

(4)购买者——实际从事购买的人。

(5)使用者——消费或使用所购商品或服务最多的人。

一个家庭要买电脑,首先提出建议的是儿子,而行家或朋友建议买哪一种品牌和型号,丈夫和妻子共同商量做出购买决定,而实际购买者可能是丈夫,而使用最多的可能是儿子。

为进一步研究家庭成员对购买决策的影响力,家庭权威中心点的理论把家庭分为四种类型:

(1)各自做主型:每个家庭成员都可以相对独立地做出有关自己的购买决策。

(2)丈夫支配型:丈夫掌握购买决策权。

(3)妻子支配型:妻子有权做出购买决策。

(4)调和型:多数购买决策由家庭成员共同协商做出。

家庭权威中心点不是固定的,它会随政治、经济、文化等情况的变化而转移。

如孩子长大了,有了独立生活的能力,逐渐就会靠自己做决定。而且,特殊的社会环境会产生特殊的家庭权威中心,由于我国独生子女家庭多,有的家庭成了子女支配型。

六、消费者购买行为类型

品牌与购买行为方式(见表5-2)。

表5-2 品牌与购买行为方式

品牌差异程度 \ 购买介入程度	高	低
大	复杂的购买行为	多样性的购买行为
小	减少失调感的购买行为	习惯性的购买行为

(一)习惯性购买行为

习惯性购买行为指不经过搜集信息、评价产品,最后做出决定这种复杂的过程,消费者只是被动地接受信息,出于熟悉而购买,也不一定进行购后评价。

运用价格和促销来推动销售是很有效的。广告的运用在这里尤为重要,通过广告,对产品的少数几个优势进行强化,以便于消费者记忆,并与其品牌相联系。此外,可以通过提高消费者的参与程度,来增强消费者对品牌的认识。

(二)减少失调感的购买行为

有时选购品牌之间没有十分明显的差别,如果价格合理,购买方便,机会合适,消费者就会决定购买。购买以后,也许会感到不协调或不满意,但在使用期间会逐步了解情况,并寻找种种理由来减轻、化解这种不协调,以证明自己的购买决定是正确的。

市场营销人员应在运用各种营销手段,影响消费者迅速做出购买决策的同时,通过各种媒介,加强与消费者沟通,以期减轻消费者心中的不协调感觉。

(三)寻求多样化的购买行为

消费者不断变化他们所购商品的品牌,只是为了寻求多样化。

对于这种购买行为,企业应增加产品的花色品种,强调与同类产品的差别,来增加产品的营销机会。低价格、免费试用、折扣、赠券等都会吸引那些寻求多样化的不稳定的消费群体。

(四)复杂的购买行为

当消费者要购买一件贵重的、不常买的、有风险的,而又非常有意义的商品时,首先要了解产品性能、特点,从而对产品产生某种认识,最后经过思维决定购买。

市场营销人员需要知道如何满足消费者收集信息的需求,从而通过各种媒体和广告文稿,来帮助消费者了解这类产品的各种属性,各种属性的相对重要程度以及本公司在比较主要属性方面的优势。它可以通过某些特殊手段,来强化品牌特征,如有些汽车经销商定期举行汽车维修讲座,以及新产品性能的发布会。

七、消费者购买决策过程

消费者购买是较复杂的决策过程,其购买决策过程一般可分为以下五个阶段,并制定相应的营销策略(见图5-3)。

```
确认需要 → 收集信息 → 评价方案 → 购买决策 → 购后评价
```

图 5-3 消费者购买决策过程

(一) 确认需要

当消费者意识到对某种商品有需要时,购买过程就开始了。消费者需要可以由内在因素引起,也可以由外在因素引起。此阶段企业必须通过市场调研,了解消费者的需要。

(二) 寻求信息

消费者还要考虑商品的品牌、功能、质量、价格、口碑等问题,需要寻求信息进一步了解商品。消费者的信息来源通常有以下四个方面:①商业来源。②个人来源。③大众来源。④经验来源。企业营销任务是设计适当的市场营销组合,尤其是产品品牌广告策略。宣传产品的质量、功能、价格等,以便使消费者最终选择本企业的品牌。

(三) 比较评价

消费者进行比较评价的目的是能够识别哪一种牌号、类型的商品最适合自己的需要。消费者对商品的比较评价,是根据收集的资料,对商品属性做出的价值判断。消费者对商品属性的评价因人、因时、因地而异,有的评价注重价格,有的注重质量,有的注重牌号或式样等。营销首先要注意了解并努力提高本企业产品的知名度,使其列入消费者比较评价的范围之内,才可能被选为购买目标。同时,还要调查研究人们比较评价某类商品时所考虑的主要方面,并突出进行这些方面宣传,对消费者购买选择产生最大影响。

(四) 决定购买

消费者通过对可供选择的商品进行评价,并做出选择后,就形成购买意图。

(五) 购后评价

消费者购买商品后,购买的决策过程还在继续,他要评价已购买的商品。企业营销须给予充分的重视,因为它关系到产品今后的市场和企业的信誉。购买者对其购买活动的满意感(S)是其产品期望(E)和该产品可觉察性能(P)的函数,即 $S=F(E,P)$。若 $E=P$,则消费者会感到基本满意;若 $E>P$,则消费者会感到不满意;若 $E<P$,则消费者会感到非常满意(意外惊喜)。

八、顾客价值理论

迈克尔·波特教授提出的竞争优势思想得到学术界和企业界的广泛认同后,人们开始为寻求可持续竞争优势进行了积极的尝试与探索。学者们从价值链管理、组织与过程再造、企业文化等多方面来阐述企业应当如何建立竞争优势,但是这些努力的根本在于组织内部的改进。这些努力生产的产品和服务如果不能被顾客认同,也就无法建立起真正的竞争优势。当从企业内部改进的探索并没有获得想象中的成功时,人们开始转向企业外部,即从顾客角度出发来寻求竞争优势。

顾客价值理论认为,企业只有提供比其他竞争者更多的价值给客户,才能造就顾客满意和顾客忠诚,才能建立竞争优势。因此,顾客价值被视为竞争优势的来源。

有代表性的顾客价值理论有以下几种:①菲利普·科特勒(Philip Kotler)的顾客让渡价值理论。②珍克(Jeanke)、罗恩(Ron)、安纳(Onno)的顾客价值模型。③伍德拉夫(Woodruff)的顾客价值层次模型。下面主要介绍顾客让渡价值理论。

所谓顾客让渡价值,是指总顾客价值与总顾客成本之差。总顾客价值就是顾客从某一特定产品或服务中获得的一系列利益,它包括产品价值、服务价值、人员价值和形象价值等。顾客总成本是指顾客为了购买产品或服务而付出的一系列成本,包括货币成本、时间成本、精神成本和体力成本。顾客在购买产品时,总希望用最低的成本获得最大的价值,以使自己的需要得到最大限度的满足,即顾客让渡价值最大化。

(一)顾客购买总价值

1. 产品价值

产品价值是由产品的功能、特性、品质、品种与式样等产生的价值。它是顾客需要的中心内容,也是顾客选购产品的首要因素。一般情况下,它是决定顾客总价值大小的关键和主要因素。因此,企业要不断推出新产品,突出产品特色,增强产品适应性。

2. 服务价值

服务价值是指伴随产品实体的出售,企业向顾客提供的各种附加服务,包括产品介绍、送货、安装、调试、维修、技术培训、产品保证等所产生的价值。优质的服务会让消费者得到更多的附加值。因此,向消费者提供更完善的服务已成为现代企业竞争的新焦点。

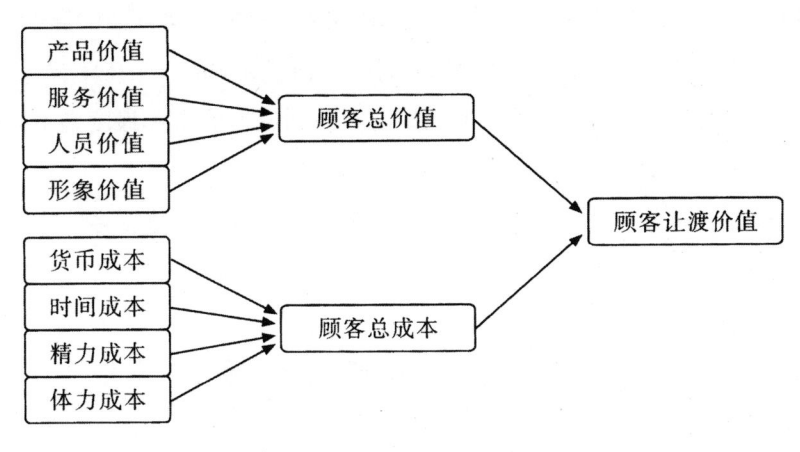

图 5-4　顾客让渡价值模型

3. 人员价值

人员价值是指企业员工的经营思想、知识水平、业务能力、工作效益与质量、经营作风、应变能力等产生的价值。高素质的员工会为顾客创造更多的价值，从而创造更多的顾客满意。对企业而言，高度重视员工综合素质和能力的培养至关重要。

4. 形象价值

形象价值是指企业及其产品在社会公众中形成的总体形象所产生的价值。包括有形形象、行为形象、理念形象所产生的价值。形象价值是产品价值、服务价值、人员价值综合作用的反映和结果。企业应重视自身形象的塑造，为顾客带来更大的价值。

(二) 顾客购买总成本

1. 货币成本

货币成本是构成总成本大小的主体和基本因素。

2. 时间成本

顾客等候购买的时间越长，花费的时间成本越大，越容易引起顾客的不满，中途放弃购买的可能性亦会增大。

3. 精力成本(精神与体力)

精力成本是指顾客购买产品时，在精神、体力方面的耗费与支出。

(三)顾客让渡价值的意义

(1)顾客让渡价值的多少受顾客总价值与顾客总成本两方面的影响,顾客总价值与顾客总成本的各个构成因素是相互作用、相互影响的。

(2)不同的顾客群对产品价值的期望与对各项成本的重视程度是不同的。企业应有针对性地设计和增加总价值、降低总成本。

(3)最根本的意义是通过满足顾客期望和减少顾客成本使顾客的需要获得最大限度的满足。

第二节　生产者市场

一、生产者市场的含义与特征

生产者市场又叫产业市场或企业市场,是指一切购买产品和服务并用于生产其他产品或劳务,以销售、出租或供应给他人而获取利润的单位和个人组成的市场。组成生产者市场的主要产业有工业、农业、林业、渔业、采矿业、建筑业、运输业、通信业、公共事业、银行业、金融业和服务业等。与消费者市场相比,生产者市场有以下特征。

(一)从市场需求的角度看

生产者市场的需求有两个鲜明的特征:

一是需求的派生性,即生产资料的需求源于消费资料的需求,消费资料的需求情况决定生产资料的需求状况。例如,因为消费者对住房的需求,才导致建筑商购买钢材、水泥、砖等生产资料。

二是需求的弹性小,即在一定的时期内,需求的品种和数量不会因价格变动而发生很大变化。造成这种现象的主要原因是生产者市场的需求取决于生产工艺过程和生产特点,企业在短期内不可能很快变更其生产方式和产品种类。同时,生产资料有专门用途,需求量较固定,生产资料价格的高低对用户生产成本的影响不大。

(二)从产品角度看

生产者市场的产品和服务均是用于制造其他产品或提供服务,属中间投入品。

(三) 从购买的角度看

一是产品技术性强。购买者必须具备相关的商品知识和市场知识。无论是采购员，还是销售员，都必须是在产品专业技术知识和采购、推销方面训练有素的专业人员。如果卖方缺乏商品知识和市场知识，就不可能很好地介绍产品的性能，从而影响销售。如果买方缺乏相应的知识，就无法鉴定产品的好坏，造成采购的失误。

二是直接采购。生产资料的采购一般很少经过中间商（标准品除外），而是直接从生产厂商那里购买。

三是购买批量大、购买者少。由于企业的主要设备若干年才购买一次，原材料、零配件则是根据供货合同定期供应。为了保证生产的顺利进行，企业总是要保证合理的储备，因此每次购买的量比较大。而且，在生产者市场上不仅购买产品总是少数几个购买者，或者主要是少数购买者，购买者的地区分布也有明显的相对集中性。

如在我国，工业客户主要集中在东北、华北、东南沿海一带。此外，影响生产购买决策的人比影响消费者购买决策的人更多。

二、生产者市场的购买对象

在生产者市场上，生产者购买的产品一般可分为原材料、主要设备、附属设备、零配件、半成品和消耗品。

(一) 原材料

原材料指生产某种产品的基本原料，它是用于生产过程起点的产品。原材料又分为两大类：一类是自然形态的森林产品、矿产品与海洋产品，如铁矿石、原油等。一类是农产品，如粮、棉、油、烟草等。对于原材料这种产品，供货方较多，且质量上没有什么差别。因此，在营销上要根据各类产品的特点采取适当的措施，如对矿产品、海洋产品等自然形态的产品宜采取直接销售的方式，分配路线应尽可能短，运输成本应尽可能低。而对农产品则应加强保管，减少分销环节，有些产品还可以由商业收购网点集中供应给生产企业。

(二) 主要设备

主要设备指保证企业进行某项生产的基本设备，主要设备直接影响企业的生产效率和产品质量。主要设备包括重型机床、厂房建筑、大中型电子计算机等。这类产品一般体积较大、价格昂贵、技术复杂。生产企业购买主要设备是一项重大决策,不仅要求产品性能先进、有效,而且希望有良好的服务。产品供应者则应注意产品性能的改进、宣传和售后服务工作,以使购买者对本企业产品建立良好的信任感。

(三)附属设备

维修工具、办公设备等均属附属设备。相对主要设备而言,附属设备对生产的重要性略差一些,价格也较低,供应厂家较多,产品标准化突出。采购人员可以自主做出购买决定,并能自由地从几家供应商处选购,而且在购买时比较注重价格比较。对这类产品的经营,要充分发挥价格机制和广告促销的作用,多采用间接销售的形式销售。

(四)零配件

零配件指已经完工、构成用户产品组成部分的产品,如集成电路块、仪表、仪器等。零配件虽不能独立发挥生产作用,但它直接影响生产的正常进行。这类产品品种复杂,专用性强,及时和按标准供货是零配件购买者最基本的要求。零配件供应者可以通过订合同直接销售的方式,采取合理的定价策略,满足购买者的需求,提高市场占有率。

(五)半成品

半成品指经过初步加工,以供生产者生产新产品的产品。例如,由铁矿砂加工成生铁,又由生铁加工成钢材等。半成品可塑性强,其质量、规格有明确要求,产品来源较多,供应者除确保供货及时外,还应加强销售服务,可以说,加强销售服务是半成品供应者最有利的竞争手段。

(六)消耗品

消耗品指为保证和维持企业生产正常进行所需消耗的诸如煤、润滑油、办公用品等产品。这类产品价格低,替代性强,寿命周期短,多属重复购买,购买者较注重购买是否方便。供应者要通过广泛的分销渠道,以价格优惠、交货及时实现营销目标。

三、影响生产者市场购买决策的主要因素

生产者做出购买决策的影响因素主要有环境因素、组织因素、人际因素和个人因素。

1. 环境因素

环境因素指无法控制的环境因素,包括经济发展状况,政治、法律制度,市场需求水平,技术发展,竞争态势等。

一个国家如果经济前景不佳,市场需求不振,产业购买者就不会增加投资,甚至减少投资,减少原材料采购量和库存量。另外,主要原材料资源缺乏也日益成为重要的环境因素,因此企业一般都愿意购买并储存较多的稀有原料,通常都寻求签订长期供货合同以获得可靠的供应,保证生产持续稳定发展。

2. 组织因素

组织因素是指与购买者自身有关的因素,包括采购组织的经营目标、战略、政策、程序、组织结构和制度等。

3. 人际因素

人际因素是指购买中心的各种角色间的不同利益、职权、地位、态度和相互关系。这些因素间关系的变化,会对组织购买决策产生影响。

4. 个人因素

个人因素是指购买决策中每个参与者都有个人动机和偏好,受年龄、收入、教育、专业、个性等因素的影响。

年轻的、受过高等教育的采购主管,对供应商的选择会非常苛刻,选择供应商之前经过周密的竞争性方案比较;而一些老资格的采购主管,则非常老练且有权术。采购人员的个人好恶会影响企业对供应商的选择。

四、生产者购买的类型

与消费者市场相比,生产者市场的购买决策要复杂得多,其复杂程度首先取决于购买活动的不同类型。生产者市场的购买行为主要分为以下三种类型:直接重购、修正重购型、全新采购。

在直接重购中,购销双方一般建立了比较稳定的交换关系。对这种类型的营销,企业要保证产品的质量,备足存货,努力为购买者提供各种优惠条件和周到的服务,以稳定双方关系。尚待开拓市场的供给者,要先设法取得一些订单,提供优质服务,争取新的客户。

对于修正重购型的营销,供应企业要紧密跟踪市场变化和企业的生产需求,随时增加供应品种,巩固老客户,扩大新客户。

由于全新采购是一种新的购买活动,供应企业应抓住各种机会,甚至成立专门的促销小组,研究买方企业中谁是决策者、谁是主要影响者,从而采取相应的对策和措施,从产品特性、规格、质量、外观包装、售后服务等方面尽可能满足对方要求,以达成交易。

五、生产者购买决策中的参与者

为了更好研究生产市场的购买者的行为,应当了解谁参与购买决策过程,他们在购买决策过程中充当什么角色,起什么作用,以便采取相应对策。一般而言,企业参与购买决策过程的人员通常包括五种。

1. 使用者

如复印机的使用者是办公室的秘书,使用者往往是最初提出购买建议的人,他们对采购商品规格的确定有重要的作用。

2. 影响者

他们经常提供评估决策的信息,并协助企业的决策者决定购买何种品种、规格等。企业的技术人员通常是最主要的影响者。

3. 采购者

采购者主要包括企业中负责采购工作的部门和人员。

4. 决策者

在标准品的例行采购中,采购者就是决策者,而在大型或复杂商品的采购中,企业的高级管理人员通常是决策者。

5. 信息控制者

能阻止卖方推销人员与买方成员接触,或控制外界与采购有关的信息流入买方的人,如采购代理人、接待员、秘书等。

六、组织市场购买决策过程

组织市场购买一般是先试购,然后再决定是否长期大批量在同一家供应商采购。经过试购以后,采购单位会提出品种、规格、价格、交货方式、付款条件等方面的修改意见,称之为修正重购。再经过一段时间,双方已没有什么异议,采购单位就会将向已确定的供应商采购看作例行公事,称之为直接重购。

组织市场购买决策过程可以划分为八个阶段:

(1)觉察问题。下列因素是常见的原因:企业推出一种产品,对原材料和设备产生新的需要;设备出现故障,需要更新或采购配件以修复设备;采购的产品不尽如人意,需要寻找新的供应商;采购负责人认为还有可能找到更质优价廉的供应商,需要进一步寻找。

(2)决定需求要项。购买者确定欲购产品的特性与需求数量。

(3)决定产品规格。在确定了需求要项之后,就要具体确定产品规格。

(4)寻找供应商。利用各种媒体和信息渠道寻找供应商的信息。

(5)征求报价。采购单位会以电话、传真、信函、媒体广告等方式通知、邀请供应商提供报价。对重大设备和工程报价,采购单位也可能采用招标的方式征寻报价。

(6)选择供应商。在汇集了多家报价书之后,采购单位就要进行比较选择。选择的依据主要包括以下几点:①产品方面:功能、质量、款式、价格等。②履约能力方面:技术能力、生产能力、财务状况、组织与管理能力等。③信誉方面:履约的历史情况,其他用户口碑等。④服务方面:是否提供咨询、技术培训、维修服务等。⑤方便性方面:地理位置、交货及时性等。

(7)正式订购。在确定最终供应商后,双方就要拟定和签订合同。

(8)绩效评估。决定是修正重购,还是直接重购,或是寻找新的供应商。

第六章 市场营销调研与预测

通过市场营销调研,企业可以获得真实、系统的市场信息,从而比较全面地了解环境,更好地进行营销决策。

第一节 市场营销调研

一、市场营销调研的含义

营销调研是指系统、科学地收集、整理和分析市场营销活动的各种资料或数据,用以帮助营销管理人员制定有效的市场营销决策。

市场调研的目的和作用:市场调研的主要目的是为企业的决策问题和相关营销问题提供依据,具体表现为:

(1)全面了解行业性的政策、经济、技术及文化特点所带来的机遇和挑战,了解本行业的市场容量、潜力及未来的发展趋势,为企业决策提供信息依据。

(2)全面了解本产品及主要竞争产品的销售现状、消费者消费行为和心理特征的变化趋势,为企业的市场细分、产品改造、新产品开发提供信息依据。

(3)全面了解本产品及主要竞争产品的广告、促销、公关、价格等营销策略,为公司营销策略的合理制定提供支持。

(4)全面摸清企业品牌在消费者中的知名度、渗透率、美誉度和忠诚度;了解不同层次消费者变化趋势,为调整品牌营销策略及进行品牌延伸提供科学依据。

(5)全面了解消费者的信息接受模式,相关媒体的收视率、主要节目的收视情况,为公司宣传策略的改进、产品信息的有效传播、企业形象的树立提供信息支持。

(6)全面了解目标地区的产品代理商、批发商和零售商的经营现状,查清本产品的销售网络状态、销售政策、销售管理状态及市场价格结构,为建立合理的渠道和销售政策,强化营销管理打下基础。

市场调研的内容。市场调研分为内、外调研两个部分,其中外部调研的主要内容有:行业环境调查、消费者调查、产品调查、竞争对手的调查、渠道调查、媒体调查等。

调研组织。主要的市场调研组织有四种:计委、经委、统计局等国家综合机关的调研组织;经济主管业务部门附属的市场调研组织;企业的市场调研组织;独立的市场调研单位,包括市场调查公司、广告公司的调研组织、咨询公司或服务公司的调研组织。

二、市场营销调研的内容

(一)行业市场环境调查

主要的调研内容有:

(1)目标市场的容量及发展潜力。

(2)行业的营销特点及行业竞争状况。

(3)政策、法律、经济、技术、地理、文化等市场环境对行业发展的影响。

(二)消费者调查

主要的调研内容有:

(1)消费者消费心理(习俗、同步、偏爱、经济、好奇、经济、便利、美观、求名等)和购买行为(习惯、理智、感情、冲动、经济、随意等)调研。

(2)消费者的媒介喜好状态。

(3)消费者对行业/产品了解程度(包括功能、特点、价格、包装等)。

(4)消费者对品牌的意识、对本品牌及竞争品牌的观念及行为差异。

(5)消费者分布(地域、行业等)及特性(年龄、收入、职业等)。

(三)经销商调查

主要的调研内容有:

(1)经销商对本行业及几大主要品牌的看法。

(2)经销商对本产品、品牌、营销方式、营销策略的意见和建议。

(3)本产品的经销网络状态。

(4)本产品主要竞争者的经销网络状态。

(四)零售店调查

主要的调研内容有:

(1)各品牌销售对象、成绩。

(2)各品牌进货渠道、方式。

(3)各品牌 POP 广告认知和态度。

(4)消费者的购买行为,品牌偏好。

(5)各品牌促销认知和态度。

(五)媒体调查

媒体调查包括相关栏目播放内容、时间、相应费用;媒体覆盖范围、消费对象;收视率等效果测试。它可细分为以下内容:

1. 广告效果调查

主要的调研内容有:

(1)广告内容之意见。

(2)广告内容之反应。

(3)广告内容之信任程度。

(4)广告文案之记忆。

(5)广告标题、商标之记忆。

(6)广告图案之记忆。

2. 电视收视率调查

主要的调研内容有:

(1)家庭收入、成员开机率分析。

(2)籍贯及地区开机率分析。

(3)各台各节目收视率分析。

(4)性别、年龄之收视率分析。

(5)职业、教育之收视率分析。

3. 媒体接触率调查

主要的调研内容有:

(1)各媒体之接触率分析。

(2)各媒体之接触动机分析。

(3)各媒体之接触时间分析。

(4)各媒体之接触阶层分析。

(5)各媒体之内容反应分析。

(6)各媒体之信任程度分析。

4.报纸、杂志阅读率调查

主要的调研内容有：

(1)阅读之注意率分析。

(2)阅读之联想率分析。

(3)阅读之精读率分析。

(4)产品、厂牌了解程度。

(5)标题、引句了解程度。

(6)文句、图案了解程度。

(六)竞争者调查

主要的调研内容有：

(1)主要竞争者的产品与品牌优、劣势。

(2)主要竞争者的营销方式与营销策略。

(3)主要竞争者的市场概况。

(4)主要竞争企业的管理模式。

(5)主要竞争对手的促销手段和内容，从中汲取成功的经验和失败的教训。

(七)特殊对象调查

像一些半制成品，如钢材、装饰板材和一些特殊商品，药品、汽车、房地产等，它们往往要面对一些特殊渠道和涉及一些特殊对象，如医院、政府相关管理部门等。在对这些产品进行市场调研时，这些特殊对象必须予以考虑。

三、市场营销调研资料收集方法

市场资料收集方法主要有三大类，分别是文案调查法、实地调查法和网络调查法。

(一)文案调查法

文案调查法又称间接调查法，是指通过各种手段收集二手资料的一种调查方法，主要用于搜集与市场调研课题有关的二手资料。

文案调查法的资料可以来自企业内部，也可以来自企业外部。内部资料来源主要包括企业内部统计资料、财务资料、业务往来资料、工作总结、顾客意见等。外部资料来源主要包括各级政府部门、各级统计部门发布的有关统计资料；行业协会或行业管理机构发布的本行业的统计数据、市场分析报告、市场行情报告、政策法规等数据和资料；各种信息中心和信息咨询公司提供的市场信息资料；各类研究机构的各类调研报告、研究论文集；等等。

文案调查的主要优点。资料收集过程比较简易，组织工作简便，二手资料比较容易得到，相对来说比较便宜，并能较快地获取。能够节省人力、调查经费和时间。

文案调查的主要缺点。二手资料是为原来的目的收集整理的，不一定能满足调研者研究特定市场数据需求，二手资料主要是历史性的数据和相关资料，往往缺乏当前的数据和情况，存在时效性缺陷，二手资料的准确性、相关性也可能存在一些问题。因此，在使用二手资料之前，有必要对二手资料进行审查与评价。

(二) 实地调查法

实地调查法包括电话访问法、计算机辅助电话访问、入户访问、拦截访问、焦点小组座谈和深度访谈等方法。

1. 电话访问法

市场调研人员通过电话对客户进行有条理的访问。电话访问的优点是成本低廉，缺点是影响消费者生活、工作的电话，使得电话访问困难。

2. 计算机辅助电话访问

使用按计算机设计方法设计的问卷，用电话向被调查者进行访问。调查员坐在显示器前面，显示器代替了问卷、答案纸和铅笔。

3. 入户访问

入户访问指调查员到被调查者的家中或工作单位进行访问，直接与被调查者接触；然后利用访问式问卷逐个问题进行询问，并记录下对方的回答，或是将自填式问卷交给被调查者，讲明方法后，等待对方填写完毕或稍后再回来收取问卷的调查方式。这是目前国内最为常用的一种调查方法。调查单位都是按照一定的随机抽样准则抽取的。

4. 拦截访问

拦截访问是指在某个场所拦截在场的一些人进行面访调查。这种方法常用于商业性的消费者意向调查中。拦截面访的好处在于效率高，但是，无论如何控制样本及调查的质量，收集的数据都无法证明对总体有很好的代表性。

5. 焦点小组座谈

焦点小组座谈是由一个经过训练的主持人仔细选择邀请一定数量顾客(一般6~15个为宜),以一种无结构的形式与一个小组的被调查者交谈,了解与客户的满意度、价值相关的内容。这种调研的优点是对客户的偏好和顾虑有全面深入的了解,便于与客户建立良好的关系。缺点是由于调研主持人的偏见而得到有曲解的结果,为了鼓励被调研者的参与,每次小组座谈会的参与人数有限制,如果扩大抽样的人数所投入的成本就很高。

6. 深度访谈法

深度访谈法是一种无结构的、直接的、个人的访问。在访问过程中,一个掌握调研技巧的调查员深入地访谈一个被调查者,以揭示对某一问题的潜在动机、信念、态度和感情。深度访谈主要也是用于获取对问题的理解和深层次了解的探索性研究。

(三)网络调查法

网络调查法又称网上调查或网络调研,是指企业利用互联网搜集和掌握市场信息的一种调查方法。网络调查法的调查成本低,调查范围广,调查周期短,收集资料客观性强。网络调查法的种类有站点法、电子邮件法、随机 IP 法、视频会议法、在线访谈法等。国内有一些专业的网络调查网站,如问卷星、第一调查网等。

四、市场营销调研的程序

营销调研是一项有序的活动,它包括准备阶段、实施阶段和总结阶段三个部分。

(一)调研准备阶段

这一阶段主要是确定调研目的、要求及范围并据此制订调研方案。在这一阶段中包括三个步骤。

1. 调研问题的提出

营销调研人员根据决策者的要求或由市场营销调研活动中所发现的新情况和新问题,提出需要调研的课题。

2. 初步情况分析

根据调查课题,收集有关资料做初步分析研究。许多情况下,营销调研人员对所需调研的问题尚不清楚,对调研问题的关键和范围不能抓住要点而无法确定调研的内容,这就需要先收集一些有关资料进行分析,找出症结,为进一步调研打下基础,通常称这种调研方式为探测性调研。探测性调研所收集的资料来源有:现有的资料,向专家或有关人员做调查所取得的资料。探测性调研后,需要调研的问题已明确,就有以下问题以待解决。

3. 制订调研方案

调研方案中确定调研目的、具体的调研对象、调研过程的步骤与时间等,在这个方案中还必须明确规定调查单位的选择方法、调研资料的收集方式和处理方法等问题。

(二)调研实施阶段

在这一阶段的主要任务是根据调研方案,组织调查人员深入实地收集资料,它又包括两个工作步骤:

1. 组织并培训调研人员

企业往往缺乏有经验的调研人员,要开展营销调研首先必须对调研人员进行一定的培训,目的是使他们对调研方案、调研技术、调研目标及与此项调研有关的经济、法律等知识有明确的了解。

2. 收集资料

首先收集的是第二手资料也称次级资料,其来源通常为国家机关、金融服务部门、行业机构、市场调研与信息咨询机构等发表的统计数据,也有些发表于科研机构的研究报告或著作、论文上。对这些资料的收集方法比较容易,而且花费也较少,我们一般将利用第二手资料来进行的调研称为案头调。其次是通过实地调查来收集第一手资料,即原始资料。这时就应根据调研方案中已确定的调查方法和调查方式,确定好的选择调查单位的方法。先一一确定每一位被调查者,再利用设计好的调查方法与方式来取得所需的资料。我们将取得第一手资料并利用第一手资料开展的调研工作称为实地调研,这类调研活动与前一种调研活动相比,花费虽然较大,但它是调研所需资料的主要提供者。本章所讲的营销调研方法、技术等都是针对收集第一手资料而言,也就是介绍如何进行实地调研。

(三)调研总结阶段

营销调研的作用能否充分发挥,是和做好调研总结的两项具体工作密切相关。

1. 资料的整理和分析

通过营销调查取得的资料往往是相当零乱的,有些只是反映问题的某个侧面,带有很大的片面性或虚假性。所以对这些资料必须做审核、分类、制表工作。审核即是去伪存真,不仅要审核资料的正确与否,还要审核资料的全面性和可比性。分类是为了便于资料的进一步利用。制表的目的是使各种具有相关关系或因果关系的经济因素更为清晰地显示出来,便于做深入的分析研究。

2. 编写调研报告

它是调研活动的结论性意见的书面报告。编写原则应该是客观、公正、全面地反映事实,以求最大限度地减少营销活动管理者在决策前的不确定性。调研报告包括的内容有:调研对象的基本情况、对所调研问题的事实所做的分析和说明、调研者的结论和建议。

五、市场营销调研问卷的设计

(一)市场营销调研问卷的定义

调研问卷也叫调查表,是一种以书面形式了解被访者的反应和态度,并以此获得资料和信息的载体。

(二)调研问卷的结构

问卷标题。主要说明研究的主题,如中国茶饮料市场调研问卷。

问卷说明。主要是向被访者说明研究的背景与目的,以征得被访者的同意。

被访者信息。主要是包括被访者姓名、住址、联系方式等在内的一些被访者的个人信息。

问卷主体。市场研究所要收集的信息的主体部分。

背景资料。主要是被访者的性别、年龄、收入等信息。

(三)常见的问题形式

(1)二项选择法。提出的问题仅有两种答案可以选择,只能在"是"或"否"、"有"或"无"中选择一个。这两个答案是对立的,互相排斥的,非此即彼。

(2)多项选择法。所提出的问题答案有两个以上,被访者可在其中选择一个或几个,但一般不要超过三个。这种题一般还要设置一个"其他"选项,以便被访者充分表达自己的意见。

(3)顺位题。顺位题也叫排序题,是研究者给出几个选项,由被访者根据重要性进行排序。

(4)回忆题。回忆题指通过回忆,了解被访者对不同商品质量、品牌等方面印象的强弱。如:"我一提到家具商城,您先想到的是某某商城,其次是某某家具城。"

(5)比较题。这种题一般是把若干可比较的事物整理成两两对比的形式,要求被访者进行比较并做出肯定的回答。

(6)态度量表。这种题主要是用来对被访者回答的强度进行测量。请对某公司的下述各方面做出评价:

公司形象:非常好;比较好;一般;比较差;非常差。

广告宣传:非常好;比较好;一般;比较差;非常差。

有时为了便于对数据进行处理,往往把定性问题定量化,即对答案中的每个选项按重要程度赋分,如:5(非常好)、4(比较好)、3(一般)、2(比较差)、1(非常差)。

(四)问卷设计中应注意的问题

(1)确定问题的必要性。问卷中的每个问题都要对所需要的信息有所贡献,或服务于某些特定的目的。如果一个问题得不到可以满意的使用数据,那么这个问题就应该取消。

(2)确定问题对所获取的信息的充分性。有时候,为了明确地获取所需要的信息,往往需要同时询问几个问题。

(3)答案要穷尽。要把问答题的所有答案尽可能地罗列出来,使每个被访者都能有答案可写。

(4)答案要互斥。要避免两个答案之间出现交叉和包容的现象,这样才能使被访者做出正确的回答。

(5)敏感问题的设计。对于一些涉及个人隐私的敏感性问题,往往放到后面,而且把答案进行定距化。

(6)跳问。有些问题需要跳问时,应该在题目后面给以注明,并注意问题的逻辑顺序。

(7)问卷中问题的安排应先易后难。

(8)调查问卷要简短。一般而言答题时间不应超过15分钟,以免因时间过长而引起填卷人的厌烦,以致因时间过长而敷衍了事,影响调查的效果。

(9)调查问句要有亲切感,并要考虑答卷人的自尊。

例如:请问您没有购买音响的原因是_____。

A. 买不起　　　B. 式样不好　　　C. 住房拥挤　　　D. 不会使用

这种生硬,易引起反感的提问方式可以改成_____。

A. 用处不大　　B. 价格不满意　　C. 准备买　　　D. 式样不合适

E. 住房不允许

六、市场营销调研报告的撰写

市场调查报告有较为规范的格式,其目的是便于阅读和理解。为此,美国市场营销协会曾为市场调查报告拟定过标准大纲,其结构包括导言、报告主体及附件等三部分。与美国相比,我国的市场调查报告的格式略有差异,一般来说,我国现有的市场调查报告包括标题、前言、主体、结尾、附录五个部分。

(一)标题

标题即报告的题目。有直接在标题中写明调查的单位、内容和调查范围的,如《某智能手机在国内外市场地位的调查》;有的标题直接揭示调查结论,如《智能手机市场进入饱和期》等。

(二)前言

前言部分用简明扼要的文字写出调查报告撰写的依据,报告的研究目的或主旨,调查的范围、时间、地点及所采用的调查方法、方式。

除此之外,有的调查报告为了使读者迅速、明确地了解调查报告的全貌,还在前言里极简要地列出一个报告的摘要。

(三)主体

主体部分是报告的正文。它主要包括三部分内容。

1. 情况部分

这是对调查结果的描述与解释说明。可以用文字、图表、数字加以说明。对情况的介绍要详尽而准确,为结论和对策提供依据。该部分是报告最重要的部分。

2. 结论或预测部分

该部分通过对资料的分析研究,得出针对调查目的的结论,或者预测市场未来的发展、变化趋势。该部分为了条理清楚,往往分为若干条叙述,或列出小标题。

3. 建议和决策部分

通过调查资料的分析研究,发现了市场的问题,预测了市场未来的变化趋势后,应该为准备采取的市场对策提出建议或看法。这就是建议和决策部分的主要内容。

(四)结尾

这是全文的结束部分。一般写有前言的市场调查报告,要有结尾,以与前言互相照应,重申观点或加深认识。

(五)附录

附录包括附属图表、公式、附属资料及鸣谢等。

调研报告撰写的原则:

在具体的调研报告撰写中,一般应遵循以下原则:

1. 态度必须客观

调研是市场信息的一种客观、科学的收集与分析工作,其结论是建立在客观的事实与数字的基础上的,因此也要求报告撰写人员以客观的态度来阐述调研结果。

2. 结论必须鲜明

调研结论是调研科学性的直接反映,含糊、模棱两可的结果只能说明调研设计的不科学。

3. 论证必须充分

结论的论证一般程序是论据→论点→结论。其中的论据一般为调研所得的客观事实或数字。

4. 语言必须精练

由于调研报告的信息量较大,因此以最简短、精练、明晰的语言对调研结果进行表述,将有利于减少客户进行分析时的工作量。

5. 层次必须明晰

它是就两方面而言的,一是论据、论点、结论之间的层次必须是明晰的;二是对调研问题的阐述必须是层次分明的,问题的阐述可以根据方案中调研问题设置的层次来进行写作。

第二节 市场营销预测

一、市场营销预测的概念与分类

市场营销预测是指通过对市场营销信息的分析和研究,寻找市场营销的变化规律,并以此规律去推断未来的过程。市场营销预测方法很多,可以分为定性预测和定量预测两大类。在市场营销预测实际工作中,往往要求将两类方法结合运用。

二、定性预测方法

定性预测方法,也叫判断分析法。它是凭借人们的主观经验、知识和综合分析能力,通过对有关资料的分析推断,对未来市场变化发展趋势做出估计和测算。定性预测方法简便易行,时间快、费用低,因此得到广泛应用,特别是进行多因素综合分析时,效果更加显著。但是,由于定性预测方法带有主观随意性,缺乏数量分析,使预测结果的准确性有时会受到影响。因此,在采用定性预测方法时,尽可能结合定量分析方法,使预测结果更加准确、科学,更符合实际情况。

(一) 个人判断法

个人判断法,是预测者根据所掌握的信息资料,根据自己的知识、阅历、经验,对预测对象的发展趋势做出符合客观实际的估计与判断。如果企业决策者具有丰富的预测经验和较强的分析判断能力,又对各方面的情况比较熟悉的话,就可以得到比较理想的预测结果。此方法的优点是可以最大限度地利用个人的创造能力,且预测过程简单、迅速;缺点是受预测者的个人素质影响较大。

(二) 集体意见法

集体意见法,是集中企业的管理、业务等骨干等,凭他们的经验和判断,在广泛交换意见的基础上,共同讨论市场发展趋势,进而做出预测的方法。集体意见法参加会议的人数较多,拥有的信息量大,可避免个人判断的主观性、片面性。但是也有难以克服的缺点,主要是影响因素较多,如感情因素、个性因素、时间因素、利益因素等。

(三) 德尔菲法

德尔菲法(Delphi),也称专家意见法或专家调查法。德尔菲是古希腊一座城的名字,该城有座太阳神阿波罗的神殿。因阿波罗善于预卜未来,故后人借用德尔菲比喻神的高超预见能力。

德尔菲法就是以匿名的方式,通过信函轮番征询专家意见,最后由主持者进行综合分析,确定市场预测值的方法。

其预测过程是,主持者选定与预测课题有关的专家,并与专家建立直接联系,联系方式以函询为主。通过信函向专家提出预测课题,并提供各种有关资料,要求专家背靠背地提出各自的预测意见,由主持者加以汇集、整理后,再匿名反馈给各位专家,再次征求意见。经过3~5轮征询以后,专家的意见大致趋向一致,最后经过统计处理得到预测值。德尔菲法既能发挥每个专家的经验和判断力,又能将个人的意见有效地综合为集体意见。它是一种科学性强,适用范围广,可操作性强,较为实用的定性预测方法。

三、定量预测方法

定量预测方法也叫统计预测法。是指根据已掌握的比较完整的历史统计资料,运用统计方法和数学模型近似地预测对象的数量变化程度及其结构关系,并预测未来市场发展变化情况的方法。

定量预测方法主要是依靠数学模型和数理统计方法,对各种资料进行计算分析,从而对市场变化趋势做出预测。这类方法适用于历史资料统计准确、详尽,预测对象变化发展的客观趋势,对市场比较稳定的预测。

1. 简单平均法

如果产品的需求形态近似于平均形态或产品处于成熟期,可用此法进行预测。将过去的实际销售量的时间序列数据进行简单平均,把平均值作为下一期的预测值。其计算公式为:

$$预测销售量 = \frac{过去各期实际销售之和}{期数(n)}$$

简单平均法将远期销售量和近期销售量等同看待,没有考虑近期市场的变化趋势。所以,准确度较低,只宜用于短期预测。

2. 加权评价法

如果过去的实际销售量有明显的增长(或下降)趋势,则使用此法。即逐步加大近期实际销售量在平均值中的权数,然后予以平均,确定下期的预测值。计算公式是：

$$W = \frac{\sum_{i=1}^{n} C_i D_i}{\sum_{i=1}^{n} C_i}$$

式中,W——预测值(加权平均值)；

　　D_i——i 期的销售量；

　　C_i——i 期销售量的权数。

3. 指数平滑法

此法是美国企业普遍采用的预测方法之一,其计算公式为：

$$F_t = \alpha D_{t-1} + (1-\alpha) F_{t-1}$$

式中,D_{t-1}——最近一期销售实际量；

　　F_{t-1}——最近一期预测值；

　　F_t——本期预测值。

α 为平滑化系数($0 \leq \alpha \leq 1.0$)。系数的大小可根据过去的预测值与实际值差距的大小而定。即根据 D_{t-1} 与 F_{t-1} 的差距来确定。预测值与实际值差距大,则应大一些,差距小,则可取小一些。α 愈小,则近期的倾向性变动影响愈小,愈平滑。α 愈大,则近期的倾向性变动影响愈大。当 α 小于 0.3 时,则比较平滑。

4. 移动平均法

该方法是根据时间数列的各期数值做出非直线长期趋势线的一种比较简单的方法。连续地求其平均值,再计算相邻两期平均值的变动趋势,然后计算平均发展趋势,进行预测。这种方法较上述几种方法准确度高、实用性强。

5. 一元线性回归法

一元线性回归法就是处理自变量(X)和因变量(Y)两者之间线性关系的一种方法。其基本公式是：

$$Y = a + bX$$

式中,Y——因为量；

　　X——自变量；

　　a、b——回归系数。

a 是直线在 F 轴上的截距,a 是利用统计数据计算出来的经验常数；b 是直线的斜率,也是利用统计数据计算出来的经验常数。X 与 Y 这两个变量,将在 a 和 b

这两个回归系数所限定的范围内,进行有规律的变化。我们的任务就是求出 a、b 的值,进而求出预测值 Y。

第七章 目标市场营销策略

目标市场营销又称为 STP 营销,即市场细分(segmenting)、目标市场选择(targeting)、市场定位(positioning)。市场细分是目标市场选择和市场定位的必要前提,而目标市场选择和市场定位是市场细分的必然结果。

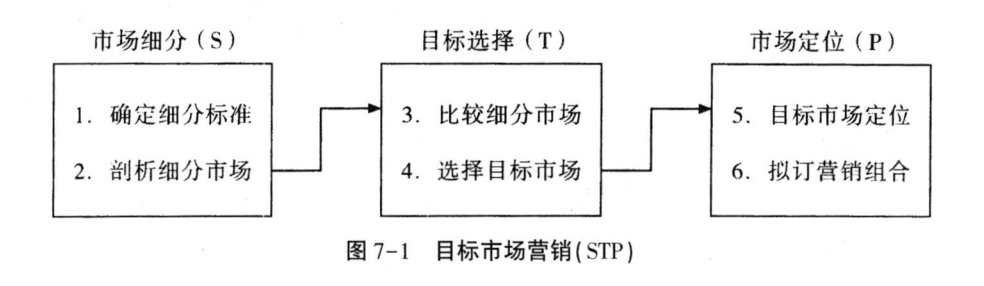

```
市场细分（S）              目标选择（T）              市场定位（P）
┌─────────────┐          ┌─────────────┐          ┌─────────────┐
│ 1. 确定细分标准 │  →       │ 3. 比较细分市场 │  →       │ 5. 目标市场定位 │
│ 2. 剖析细分市场 │          │ 4. 选择目标市场 │          │ 6. 拟订营销组合 │
└─────────────┘          └─────────────┘          └─────────────┘
```

图 7-1 目标市场营销(STP)

第一节 市场细分

一、什么是市场细分

现代企业面临的是广阔、复杂、多变的市场,任何企业。无论其规模如何,都无法满足整体市场的不同需求,而只能根据企业的内部条件和素质能力,为自己的市场规定一定的范围,满足某种某部分的需求。为此,企业就必须进行市场细分,市场细分是 1956 年美国营销学家温德尔提出的。市场细分理论的提出被看作营销学的第二次革命,是继以消费者为中心的观念提出后对营销理论的又一质的发展,它的出现使营销学理论更趋于完整和成熟。

市场细分:根据消费需求的差异性,选用一定的标准,将整体市场划分成两个或两个以上具有不同需求特性的子市场的过程。

二、市场细分的作用

市场细分很快成为现代企业从事市场营销活动的重要手段,实践已证明,它是企业通向成功的阶梯。企业对市场进行细分的主要作用在于以下几个方面。

(一)市场细分有利于企业发现新的市场机会

如我国服装市场竞争较激烈,通过市场细分可以看出,竞争激烈的主要是青年服装市场和儿童服装市场,老年服装市场却很冷清。于是,有些服装企业把目标市场放在老年服装市场上,生产出各式各样的老年服装,结果大获成功。

(二)有利于产品适销对路

不进行市场细分就无法确定目标市场。我国出口日本的冻鸡,原先主要面对消费者市场,以超市、专业食品店为主要销售渠道。随着市场竞争加剧,销售量呈下降趋势。为此,我国重新对日本冻鸡市场进一步细分以掌握不同细分市场的需求特点。从购买者区分目标市场有三种类型:

第一,饮食业用户:对冻鸡的品质要求较高,但对价格的敏感度低于家庭主妇市场。

第二,团体用户:基本同于饮食业用户。

第三,家庭主妇:对冻鸡的品质、外观、包装均有较高要求,同时要求价格合理、挑选性强。

根据这些特点,我国出口冻鸡的企业重新选择了目标市场,以饮食业和团体用户为主要顾客,并据此调整了产品、渠道等营销组合策略,出口量大幅度增长。

(三)市场细分有利于企业扬长避短,发挥优势

每一个企业的营销能力对于整体市场来说,都是有限的。所以,企业必须将整体市场细分,确定自己的目标市场,把自己的优势集中到目标市场上。特别是有些小企业,更应该注意利用市场细分原理,选择自己的市场。

(四)能有效地与竞争对手相抗衡

通过市场细分,有利于发现目标消费者群的需求特性。从而调整产品结构,增加产品特色,提高企业的市场竞争能力,有效地与竞争对手相抗衡。如日本森永公司为增强其竞争力,研制出一种高王冠的大块巧克力,定价70日元,推向成人市场。明治公司也不甘示弱,通过市场细分,选择了三个子市场:初中学生市场、高中学生市场和成人市场,获得了成功。

(五)有利于企业提高经济效益

美国皮鞋市场,各种皮革制成的款式有上百种。面对这样一个整体市场,需要

雄厚的资源与其竞争。而美国一家小鞋厂发现一部分消费者喜欢穿轻便舒适的皮便鞋，他们便以此作为自己的细分市场，利用充足的猪皮原料，专门生产薄猪皮便鞋，并起了一个吸引人的名字，叫小狗乖，于是产品打入市场大为畅销。

三、市场细分的原则

（一）独特性

独特性指不同的细分市场的特征可清楚地加以区分。比如女性洗发水市场可依据年龄层次和发质类型等变量加以区分。

（二）可衡量性

各细分市场要有明显的区别：易识别的组成人员、共同的特征、标志或资料。

（三）可营利性

可营利性指企业选定的细分市场的规模和购买力足以使企业有利可图，取得经济效益。

（四）可进入性

应该是企业能够占领并能开展有效经营活动的市场。

（五）稳定性

稳定性指构成一个细分市场的潜在顾客能够在相当长时间保持稳定的程度。

四、市场细分的标准

现代市场营销学所讲的市场细分，是依据市场需求的差异性来划分的。影响消费者需求的差异性的因素是多种多样的，大致可概括为四类，即地理环境、人口状况、消费心理和购买行为。每一类又包括一系列的细分因素。见表7-1。

表 7-1 消费者市场细分的标准

细分标准	主要细分因素	具体特征(亚洲、子市场)
地理环境	国家区别	中国、美国、日本、英国、法国等
	方位区别	华北、华中、华东、华南等
	城乡区别	城市、乡镇、农村等
	气候区别	热带、亚热带、温带、寒带等
人口状况	性别	男、女
	年龄	婴幼儿、儿童、少年、青年、中年、老年
	家庭收入(人均年收入)	1000元以下、1000~5000元、5000元以上
	民族	汉族、苗族、壮族、白族、回族等
	宗教	基督教、伊斯兰教、佛教等
	职业	工人、农民、学生、教师等
	文化程度	文盲、中小学、大学、硕士、博士等
消费心理	生活方式	奢侈型、简约型、新潮型、活泼型等
	性格	外向型、内向型、理智型、冲动型等
	购买动机	求廉、求美、求新、求名、求安等
购买行为	购买频率	高、中、低
	购买时间	白天、晚间、淡季、旺季、节假日
	寻求利益	价格、质量、品牌
	使用状况	从未、已经、准备、初次、再次
	品牌忠诚度	绝对、多、变换、非

1. 地理细分

处在不同地理位置的消费者对企业的产品各有不同的需求和偏好。他们对企业所采取的市场营销策略,对企业的产品、价格、分销渠道、广告宣传等市场营销组合各有不同的反应。

2. 人口状况

人口状况构成比其他标准容易测量,而且直接影响消费者的心理和行为,是市场细分的一个重要依据。具体可作为细分标准的人口因素包括:

(1)年龄。不同年龄段的消费者,由于生理、性格、爱好、经济状况的不同,对消费品的需求往往存在很大的差异。如儿童市场、青年市场、中年市场、老年市场等等。从事服装、食品、保健品、药品、健身器材、书刊等商品业务的企业,经常采用年龄变数来细分市场。

(2)性别。不少商品在用途上有明显的性别特征,如男装和女装、男表与女表。在购买行为、购买动机等方面,男女之间也有很大的差异,如妇女是服装、化妆品、小包装食品等市场的主要购买者,男士则是香烟、饮料、体育用品等市场的主要购买者。

(3)收入。收入高的消费者就比收入低的消费者购买更高价的产品,如钢琴、汽车、空调、豪华家具、珠宝首饰等,收入高的消费者一般喜欢到大百货公司或品牌专卖店购物,收入低的消费者则通常在住地附近的商店、仓储超市购物。因此,汽车、旅游、房地产等行业一般按收入变数细分市场。

(4)民族。我国是一个多民族的大家庭,除汉族外,还有55个少数民族。这些民族都有各自的传统习俗、生活方式,从而呈现出各种不同的商品需求,如我国西北少数民族饮茶很多、回族不吃猪肉等。只有按民族这一细分变数将市场进一步细分,才能满足各族人民的不同需求,并进一步扩大企业的产品市场。

(5)职业。不同职业的消费者,其消费需求存在很大的差异。如农民购买自行车偏好载重自行车,而学生、教师则是喜欢轻型的、样式美观的自行车。

(6)教育状况。消费者受教育程度不同,对商品的文化要求则不一样。

(7)家庭人口。据此可分为单身家庭(1人)、单亲家庭(2人)、小家庭(2~3人)、大家庭(4~6人,或6人以上)。家庭人口数量不同,在住宅大小、家具、家用电器乃至日常消费品的包装大小等方面都会出现需求差异。

3. 心理细分

按心理因素细分,就是将消费者按其生活方式、性格、购买动机、态度等变数细分成不同的群体。

(1)生活方式。越来越多的企业,如服装、化妆品、家具、娱乐等行业,重视按人们的生活方式来细分市场。生活方式是人们对工作、消费、娱乐的特定习惯和模式,不同的生活方式会产生不同的需求偏好,如传统型、新潮型、节俭型、奢侈型等。

(2)性格。性格外向、容易感情冲动的消费者往往好表现自己,因而他们喜欢购买能表现自己个性的产品;性格内向的消费者则喜欢大众化,往往购买比较朴实的产品;富于创造性和冒险心理的消费者,则对新奇、刺激性强的商品特别感兴趣。

(3)购买动机。例如,有人购买服装为了遮体保暖,有人是为了追求美,有人则为了体现自身的经济实力等。

4. 行为细分

行为细分是指根据消费者不同的购买行为来细分市场。其变量包括消费者进入市场的程度、购买和使用产品的时机、对品牌的忠诚程度、消费的数量、对质量和广告服务的信赖程度等。

(1) 购买时机。许多产品的消费具有时间性,烟花爆竹的消费主要在春节期间,月饼的消费主要在中秋节以前,旅游景点在旅游旺季生意最兴隆。

(2) 寻求利益。美国曾有人运用利益细分法研究汽车市场,发现汽车购买者分为三类:大约25%侧重价格低廉,52%侧重耐用性及一般质量,23%侧重品牌声望。当时世界各著名汽车公司大多数都把注意力集中于第三类细分市场,从而制造出豪华昂贵的汽车并通过4S店销售。唯有美国通用公司慧眼独具,选定第一、第二类细分市场作为目标市场,全力推出一种价廉物美的"别克"牌轿车并通过4S店和某些大型汽车贸易公司出售。

(3) 使用状况。许多产品可按使用状况将消费者分为从未用过、曾经用过、准备使用、初次使用、经常使用五种类型,即五个细分市场。通常大公司对潜在使用者感兴趣,而一些小企业则只能以经常使用者为服务对象。

(4) 使用率。可先划分使用者和非使用者,然后再把使用者分为小量使用者和大量使用者。例如,根据美国调查公司得到的数据和结论,在100%的样本中,啤酒在总客户中有68%是非使用者,32%是使用者,其中小量使用者和大量使用者各为16%。但后者却占总销量的88%,而小量使用者只占12%。又据调查,啤酒的大量饮用者多数是劳动阶层,年龄在25~50岁。而年龄在25岁以下和50岁以上为少量饮用者。因此,许多企业自然把大量使用者作为自己的销售对象。

(5) 忠诚程度。消费者对企业的忠诚和对品牌的忠诚程度,也可用来细分市场。如电脑市场有A、B、C、D四个品牌,按消费者的忠诚程度不同,可分为四类:①铁杆忠诚者。始终购买同一品牌,如A。②多品牌忠诚者。同时喜欢两种或两种以上的品牌,如交替购买A和B。③转移的忠诚者。经常转换品牌偏好,不固定忠于某一品牌,如一段时间忠于A,又一段时间忠于B,或C、D。④非忠诚者。从来不忠于任何品牌,可能是追求减价品牌,或是追求多样化,喜新厌旧。

第二节 目标市场选择

一、目标市场

所谓目标市场,就是指企业根据自身条件决定进入的细分市场,也就是企业准备投其所好,准备为之服务的顾客群。

市场细分与目标市场既有联系又有区别。市场细分是按一定的标准划分不同消费群体的过程,而目标市场则是根据自身条件选择一个或一个以上细分市场作为企业营销对象的过程。市场细分是目标市场选择的前提和基础,选择目标市场则是市场细分的目的和归属。

二、目标市场策略

企业在市场细分化的基础上,根据主客观条件选择目标市场,目的在于不断拓展市场,一般可采用以下三种目标市场策略。

（一）无差异性目标市场策略

无差异性目标市场策略是指企业把整体市场看作一个大目标市场,不进行细分,用一种产品、统一的市场营销组合对待整体市场。也就是说,只注重消费者对这种商品需求的共同点,而不管其差异点。

可口可乐公司的营销活动就是无差异市场营销的典型。面对世界各地的消费者,可口可乐都保持同一的口味、包装,甚至连广告语也统一为"请喝可口可乐"。

（二）差异性目标市场策略

差异性目标市场策略,指企业决定同时在几个子市场上进行经营活动,针对不同的目标市场,提供不同的商品及营销组合方案,以满足不同消费者的不同需求。如上海大众按不同消费者的爱好和要求,分别设计生产出 SUV、MPV、CUV 等多种类型的汽车。

（三）密集性目标市场策略

企业集中所有力量,以一个或少数几个子市场作为目标市场,集中企业的营销力量,实行专业化生产和经营,为的是在较小的市场上拥有较大的市场份额。

三、选择目标市场

目标市场是企业打算进入的细分市场,或打算满足的具有某一需求的顾客群体。企业在选择目标市场时有五种可供考虑的市场覆盖模式。

表 7-2　企业目标市场营销模式特点

	概念	优点	不足
市场集中化	企业只选取一个细分市场,只生产一类产品,供应某一单一的顾客群	企业能够集中力量,在一个细分市场上,有较高的市场占有率,投资回报率高	企业具备在该细分市场从事专业化经营或取胜的优势条件;限于资金能力,只能经营一个细分市场
产品专业化	企业集中生产一种产品。向各类顾客销售这种产品,如长虹主要只生产电视机产品	企业专注于某一类产品的生产,有利于形成和发展生产和技术优势,在该领域树立形象	当该领域被一种全新的技术与产品所代替时,产品销售量有大幅度下降的危险
市场专业化	专门经营满足某一顾客群所需要的各种产品。如农用机械企业专门向农户供应拖拉机、收割机、打谷机等	由于经营的产品类型众多,能有效分散经营风险,并在这一类顾客群体中树立良好声誉	由于集中于某一类顾客,当这类顾客的需求下降时,企业会遇到收益下降的风险
选择专业化	即企业选取若干个具有良好的盈利潜力和结构吸引力的产品,且符合企业的目标和资源的细分市场作为目标市场	它可以有效地分散经营风险,即使某个细分市场盈利不佳,仍可在其他细分市场取得盈利。	采用这种模式的企业应具有较强的资源和营销实力
市场全面化	企业生产多种产品去满足各种顾客群体的需求。宝洁公司在日用化工产品市场上采取市场全面化策略	能够满足多层次、多样化不同客户群体的需求	对企业的经营实力等要求都比较高

四、影响目标市场选择的因素

影响企业目标市场策略的因素主要有企业资源、产品的同质性、市场特点、产品市场生命周期和竞争对手营销策略五类。

(一)企业资源

资源有限——集中性营销。

资源雄厚——无差异营销或差异性营销。

(二)产品的特性

同质或相似产品——无差异营销。如石油、煤、天然气等。

异质产品——差异或集中营销。汽车、电器等产品。

(三)产品市场生命周期

投入期——无差异营销。

成长期或成熟期——差异或集中市场营销。

衰退期——集中性市场营销。

(四)市场特点

同质性高——无差异营销。

异质性高——差异或集中市场营销。

(五)竞争对手营销策略

(1)竞争对手采用无差异策略,本企业采用差异或集中策略与之竞争。

(2)竞争对手采用差异策略而且竞争力强,本企业采用对等的或更深层次的差异或集中策略。

第三节　市场定位

一、市场定位的概念

市场定位是在 20 世纪 70 年代由美国营销学家艾·里斯和杰克·特劳特提出的,是近年来现代市场营销学广泛重视和应用的新概念。

市场定位,也称为产品定位或竞争性定位,是根据竞争者现有产品在细分市场上所处的地位和顾客对产品某些属性的重视程度,塑造出本企业产品与众不同的鲜明个性或形象并传递给目标顾客,使该产品在细分市场上占有强有力的竞争位置。例如,提到汽车,凯迪拉克以其豪华、宝马(BMW)以其功能、沃尔沃(Volvo)以其安全性而著称。

二、市场定位的步骤

市场定位的关键是企业要设法在自己的产品上找出比竞争对手更具有竞争优势的特性。因此,市场定位全过程可以通过识别本企业的竞争优势、准确地选择相对竞争优势、明确显示独特的竞争优势三个步骤实现。

(一)分析目标市场的现状,确认潜在的竞争优势

消费者一般都选择那些给他们带来最大价值的产品和服务。因此,赢得和保持顾客的关键是比竞争者更好地理解顾客的需要和购买过程,以及向他们提供更多的价值。通过提供比竞争者较低的价格,或者提供更多的价值以使较高的价格显得合理。企业可以把自己的市场定位为:向目标市场提供优越的价值,从而企业可赢得竞争优势。

(二)准确选择竞争优势,对目标市场初步定位

选择竞争优势实际上就是与竞争者各方面相比较的过程。通过分析、比较企业与竞争者在经营管理、技术开发、采购、生产、市场营销、财务和产品等方面究竟哪些是强项,哪些是弱项,借此选出最适合本企业的优势项目,以确定企业在目标市场上所处的位置。

(三)显示独特的竞争优势和重新定位

主要是通过一系列的宣传促销活动,将其独特的竞争优势准确传播给潜在顾客,并在顾客心目中留下深刻印象。

三、市场定位的方式

市场定位作为一种竞争策略,显示了一种产品或一家企业同对手的竞争关系。定位方式不同,竞争态势也不同。目前有三种主要的定位方式。

(一)避强定位策略

该企业力图避免与实力最强或较强的其他企业直接发生竞争。将自己的产品

定位于另一市场区域内,使自己的产品在某些特征或属性方面与最强或较强的对手有显著的差别。避强定位可以使企业迅速在市场上立住脚,并能在消费者心中树立一定形象,市场风险较小,成功率较高。但是避强往往意味着企业放弃了最佳的市场位置,很可能占据的是最差的位置。

(二)对抗性定位

对抗性定位是一种与在市场占据支配地位的、属最强的竞争对手对着干的定位方式。优点:能够激励企业奋发上进,一旦成功就会取得巨大的市场优势。如肯德基在某一个商业中心区选定店铺选址后,麦当劳总是会跟进,节约了大量的选址成本和时间。

(三)重新定位

重新定位指企业变动产品特色,改变目标顾客对其原有的印象,使目标顾客对其产品新形象有一个重新的认识过程。

四、市场定位策略

(一)比附定位

比附定位就是攀附名牌。比拟名牌来给自己的产品定位,以借名牌之光而使自己的品牌生辉。比附定位的主要方法有三种:

一是甘居第二。就是明确承认同类产品中另有最负盛名的品牌,自己只不过是第二而已。这种策略会使人们对企业产生一种谦虚诚恳的印象,相信企业所说是真实可靠的,这样自然而然地使消费者能记住这个通常不容易为人重视和熟记的序位。

二是攀龙附凤。其切入点亦如上述,首先是承认同类产品中已有卓有成就的名牌,本品牌虽然自愧不如,但在某些地区或某一方面还可与这些最受消费者欢迎和信赖的品牌并驾齐驱,如宁城老窖——塞外茅台。

三是奉行高级俱乐部策略。就是企业如果不能取得第一名,或攀附第二名,便退而采用此策略,借助群体的声望和模糊数学的手法,打出入会限制严格的俱乐部式的高级团体牌子,强调自己是这一高级群体的一员,从而提高自己的地位形象,如宣称自己是某某行业的三大公司之一、50强大公司之一、10家驰名商标之一,等等。

(二)特定使用者定位

特定使用者是指根据特定的产品使用客户群体来定位。例如,广东客家酿酒总公司把自己的客家娘酒定位为女人自己的酒,突出这种属性对女性消费者来说就很具吸引力。因为一般名酒酒精度都较高,女士们多少无福享用,客家娘酒宣称为女人自己的酒,就塑造了一个相当于"XO"是男士之酒的强烈形象,不仅可在女士心目中留下深刻的印象,而且会成为不能饮高度酒的男士指名选用的品牌。

(三)利益定位

根据产品能满足的需求或提供的利益、解决问题的程度来定位。通常可采用一种、二种或三种利益进行产品定位。如宝洁公司生产有 9 种类型的洗衣粉和洗涤剂。宝洁公司认为,不同的顾客希望从产品中获得不同的利益组合。有些人认为洗涤和漂洗能力最重要,有些人认为使织物柔软最重要,还有人希望洗衣粉具有气味芬芳、碱性温和的特征。于是就利用洗衣粉的九个细分市场,设计了九种不同的品牌。

(四)市场空当定位

市场空当定位指企业寻找市场上尚无人重视或者未被竞争对手控制的位置,使企业推出的产品能适应这一潜在目标市场需求的策略。做出这种决策,企业必须对下列问题有足够的把握:①制造这种产品在技术上是可行的。②按既定计划价格水平,在经济上是可行的。③有足够的喜欢这种产品的购买者。如果上述问题的答案是肯定的,则可在这个市场空当进行填空补缺。

例如,美国的七喜汽水,之所以能成为美国第三大软性饮料,就是因为采用了这种定位策略,宣称自己是非可乐型饮料,是代替可口可乐和百事可乐的清凉解渴饮料。突出其与两乐的区别,因此吸引了相当部分的两乐品牌转移者。

(五)质量/价格定位

质量/价格定位是指结合并对照产品的质量和价格的定位。劳斯莱斯汽车是富豪生活的象征,拥有这种车的顾客都具有以下特征:2/3 的人拥有自己的公司,几乎每个人都有几处房产,50%的人有艺术收藏,40%的人拥有游艇,平均年龄在 50 岁以上。可见,这些人买车并不是在买一种交通工具,而是在买一种豪华的标志。

五、竞争者的市场反应

当企业采取某些措施或行动后,竞争者一般会产生不同的反应:

从容不迫竞争者——指对某些特定的攻击行为没有迅速反应或强烈反应。

选择性竞争者——竞争者可能只对某些类型的攻击做出反应,而对其他类型的攻击视而不见。例如,竞争者会对削价做出积极反应,防止自己市场份额减少(我国目前家电市场上就是这种情况,对于价格极为敏感,只要有一家降价,其他竞争对手都会不约而同做出反应)。他们可能对对手大幅增加广告费不予理睬,认为这并不能构成实质性威胁。

凶猛型竞争者——指对所有的攻击行为都做出迅速而强烈的反应。如美国保洁公司就是一个强劲的竞争者,一旦受到挑战就会立刻发起猛烈的反击。例如宝洁公司(P&G)绝不会允许一种新洗涤剂轻易投放市场。

随机型竞争者——指对竞争攻击的反应具有随机性,有无反应和反应强弱无法根据其以往的情况加以预测。

如何选择企业应采取的对策的最好办法是分析竞争对手的强势和弱势,然后就决定:进攻谁?回避谁?

第四节 竞争战略的一般形式

战略一词源于军事用语。指军事方面事关全局的重大部署,是如何赢得一场战争的概念。现在,战略已成为一般用语,广泛应用于经济、经营管理、市场营销等领域。战略即为各领域事关全局性、长期性、方向性和外部性的重大决定和计划方案。

一、战略与战术

(1)战略与战术的含义。战略一词源于希腊语,意为将军的艺术。《孙子兵法》是我国历史上最早的一部专门研究军事战略的巨著。全书共13篇,篇篇讲的都是"兵权谋"——战略。战略由计划(plan)、政策(policy)、模式(pattern)、定位(position)和观念(perspective)组成,换言之,战略由上述5P组成。

(2)战略与战术的区别。战略是如何赢得一场战争的概念,而战术则是如何赢得一场战役的概念。

每个企业在市场竞争中都会有自己相对的优势和劣势,要想获得竞争胜利,必须以一定的竞争优势为基础。企业为增强竞争能力,以争取竞争优势,市场竞争基本战略主要有三种:低成本战略、差异化战略和集中化战略。

(一)成本领先战略

成本领先战略又称为低成本战略,指企业以低成本作为主要的竞争手段,企图使自己在成本方面比同行业的其他企业占有优势地位。

优点:只要成本低,企业尽管面临强大的竞争力量,仍可以在本行业中获得竞争优势。

缺点:投资较大,企业必须具备先进的生产设备,才能高效率地进行生产,以保持较高的生产率,忽视顾客对产品差异的兴趣。

实现成本领先战略需要一整套具体政策:经营单位要有高效率的设备、降低经验成本、紧缩成本开支和控制间接费用及降低研究与开发、服务、销售、广告等方面的成本。

成本领先战略的实施必须做到:

(1)市场具有较高的价格弹性。

(2)生产具有较高的规模效应。

(3)产品处于一个高速成长的阶段。

实现成本领先战略,要降低各种成本。但不能忽视质量、服务及其他一些领域工作,尤其要重视与竞争对手有关的低成本的任务。

(二)差异化战略

差异化战略也称特色经营战略。差异化战略是指通过发展企业别具一格的营销活动,争取在产品或服务等方面独具特色,以差异优势产生竞争力的竞争战略。企业采用差异化战略,利用产品设计、使用功能、外观、包装、品牌、服务、推销方式等途径,形成在同行业中别具一格的企业形象。

优点:利用顾客对其特色的偏爱和忠诚,避开价格竞争,顾客对产品的忠诚性,增加了其他企业进入的障碍。

缺点:需要广泛的研发、设计,以高成本为代价,不一定所有顾客都愿意支付产品差异所形成的较高价格。

实行差异化战略必须具备:

(1)独特性。

(2)创新能力。

(3)营销能力。

(三)集中化战略

集中化战略,是指企业把经营的重点目标放在某一特定的细分市场上集中企业的主要资源,来建立企业的竞争优势及其市场地位,实行专业化经营,走小而精、小而专的道路。目标集中战略通俗地说,就是不在大海里与人抢大鱼,而是在小河里抓大鱼。该战略实施的结果就是企业不在较大的市场获得一个较小的市场份额,而是在一个较小的细分市场里获得一个较大的市场份额。

实行战略关键在于企业拥有产品或技术是某一特定目标市场必备的需求,企业在这一特定细分市场上有能力占领极大市场占有率。

优点:经营目标集中,可以集中企业所有资源于某一特定战略目标上,熟悉产品的市场、用户情况,可以全面把握市场。尤其适用于资源有限中小企业。

缺点:此战略风险比较大,一旦市场发生变化,对企业威胁很大。

二、三种基本战略的关系

(1)总成本领先和差异化战略的市场范围宽泛,而集中战略则是独霸一方,市场范围狭窄。

(2)总成本领先战略主要凭借成本优势进行竞争。

(3)差异化战略强调被顾客认识的唯一性,通过与众不同的产品特色形成竞争优势,集中战略则强调市场的集约和目标、资源的集中,以便在较小的市场上形成优势。

第五节 市场竞争战略

企业在进行市场分析之后,还必须明确自己在竞争中所处的位置。结合自己的目标、资源和环境以及在目标市场上的地位等来制定市场竞争战略。现代市场营销理论根据企业在市场上的竞争地位,把企业分为四种类型:市场主导者、市场挑战者、市场追随者和市场利基者。

一、市场主导者战略

市场主导者是指相关产品的市场占有率最高的企业。根据蓝契斯特法则,他们的市场占有率应该在 41.7%~73.88%。如美国汽车市场的通用公司、电脑软件市场的微软公司、照相机行业的尼康公司、推土机市场的卡特比勒公司、软饮料市场的可口可乐公司、剃须刀市场的吉列公司以及快餐市场的麦当劳公司等,中国家电市场的海尔集团、烟草行业的红塔集团、电脑行业的联想集团等。这种领先者几乎各行各业都有,它们的地位是在竞争中自然形成的,但不是固定不变的。

市场主导者如果没有获得合法的垄断地位,必然会面临竞争者的无情挑战,因此必须保持高度的警惕并采取适当的战略,否则,就可能丧失领先地位而降到第二位或第三位。为了保持自己的领先地位,通常可采取三种战略:

一是扩大市场需求总量。例如,宝洁公司劝说消费者使用海飞丝香波洗发时,每次将使用量增加一倍效果更佳。

二是保护市场占有率。例如,可口可乐公司要防备百事可乐,吉列公司要警惕毕克公司、丰田公司要小心日产公司等。这些挑战者都很有实力,领先者不注意就可能被取而代之。

三是提高市场占有率。美国的一项研究表明,市场占有率是与投资收益率有关的最重要的变量之一。市场占有率越高,投资收益率也越大。市场主导者设法提高市场占有率,也是增加收益、保持领先地位的一个重要途径。

二、市场挑战者战略

市场挑战者是指在市场上处于次要地位(如第二)的企业。例如,汽车行业的福特汽车公司、软饮料行业的百事可乐公司等。这些亚军公司如欲争取市场领先地位,向竞争者挑战,即市场挑战者。市场挑战者首先必须确定自己的战略目标和挑战对象,然后还要选择适当的进攻战略。

攻击市场领导者,即找到领导者的弱点和失误,作为自己进攻的目标。这是一个既有高度风险又有潜在的高报偿的战略。芭比娃娃在市场上已经 40 多年经久不衰,早已成为一个世界知名品牌。而"专为亚洲女性设计"为口号的靳羽西推出羽西娃娃与之挑战,仅一款"中国新娘"价值就在 2888 元。

攻击与自己实力相当者:挑战者对一些与自己势均力敌的企业,可选择其中经营不善发生亏损者作为进攻的对象,设法夺取它们的阵地。

攻击地方性小企业:地方性小企业中经营不善、财务困难者,可夺取它们的顾客,甚至吞并这些小企业。

三、市场追随者战略

市场追随者战略指在行业中占据第二及以后位次,但在产品、技术、价格、渠道和促销等大多数营销战略上模仿或跟随市场领导者的公司。他们的市场占有率应该在 9.33%~26.12%。克莱斯勒公司在美国市场上的占有率在 13%。

市场追随者与挑战者不同,它不向领先者发动进攻,而是跟随在领先者之后自觉地维持共处局面。这种自觉共处状态在资本密集且产品同质的行业(钢铁、肥料、化工等)非常普遍,因而市场占有率相当稳定。

产品模仿与市场追随在很多情况下,做一个追随者比做挑战者更加有利:一是让市场主导者和挑战者承担新产品开发、信息收集和市场开发所需的大量经费,自己坐享其成,减少支出风险;二是避免承受向市场主导者挑战可能带来的重大损失,许多居于第二位及后面位次的公司往往选择追随而不是挑战。

四、市场利基者战略

市场利基者战略又叫市场补缺者战略,这种有利的市场位置在西方称之为Niche(利基),即空隙,小的空白市场。市场利基者是指精心服务于市场的某些细小部分,而不与主要的企业竞争,只是通过专业化经营来占据有利的市场位置的企业。他们最喜欢对无人注意或无暇顾及的市场采取侵进策略,拾遗补阙。

例如,美国汽车公司、卡斯尔快餐公司等,他们的市场占有率应该在 1%~9.33%,美国汽车公司在美国市场上的占有率为 2%。又如,在亚洲的啤酒市场上,真正领先的是本地的企业,如菲律宾的生力公司、新加坡的虎啤公司和韩国的东方公司等。由于这一市场日趋繁荣和复杂,外国啤酒公司只得寻求适合自己的补缺市场。

市场利基者的特征:利基市场不仅对于小企业有意义,而且对某些大企业中的较小业务部门也有意义。它们也常寻找一个或多个既安全又有利的利基市场。理想的利基市场具备以下特征:

(1)具有一定的规模和购买力,能够盈利。

(2)具备发展潜力。

(3)强大的公司对这一市场一般不感兴趣。

(4)本公司具备向这一市场提供优质产品和服务的资源与能力。

(5)本公司在顾客中建立了良好的声誉,能够抵御竞争者入侵。

市场利基者的主要战略是专业化市场营销。为取得利基市场而在市场、顾客、产品或渠道等方面实行专业化。市场利基者要完成三个任务：创造利基市场、扩大利基市场、保护利基市场。

第八章　产品营销策略

产品是企业市场营销组合中的一个最重要因素。在现代市场上,企业之间的激烈竞争是以产品为中心的,企业其他营销因素也是围绕产品策略进行的。

第一节　产品及产品分类

一、产品及产品整体概念

(一)产品

在现代市场营销学中,产品是指通过交换而满足人们需要和欲望的因素或手段。包括提供给市场、能够满足消费者或用户某一需求或欲望的任何有形物品和无形产品。

学术界曾用三个层次描述产品,即核心产品、形式产品、延伸产品。但近年来,菲利普·科特勒等学者更倾向于用五个层次描述产品的整体概念。

(二)产品整体概念

1. 核心产品

核心产品即产品的实用价值(基本效用),它能为消费者提供直接的利益,以某种使用价值满足消费者的需要。对于旅馆来说,它的核心产品是休息与睡眠。

2. 形式产品

形式产品即核心产品借以实现的形式,由五个特征构成,即品质、式样、特征、商标及包装。对于旅馆来说,形式产品是床/衣柜/毛巾/洗手间等。

3. 期望产品

期望产品指购买产品时期望得到的与产品密切相关的一整套属性和条件。对于旅馆来说,期望产品是干净的床/新的毛巾/清洁的洗手间/相对安静的环境。

4.延伸产品

延伸产品指产品附带的各种利益的总和,包括保证、维修、送货、技术培训等所有服务项目。对于旅馆来说,延伸产品是宽带接口/鲜花/结账快捷/免费早餐/优质的服务。

5.潜在产品

潜在产品指现有产品可能发展成为未来最终产品的潜在状态的产品,指出了现有产品可能的演变趋势和前景。如彩色电视机可能发展为录(放)映机、电脑终端机等。对于旅馆来说潜在产品是家庭式旅馆的出现。

由此可见,市场产品的含义十分广泛,它是指向消费者提供一个整体性的满足。例如,当咖啡被当作普通的产品卖时,一杯可卖 5 元;当咖啡被包装为商品时,一杯就可以卖一二十元;当其加入了服务,在咖啡店中出售,一杯最少要几十元;但如能让咖啡成为一种香醇与美好的体验,一杯就可以卖到上百元甚至是好几百元。

二、产品分类

在市场营销中,要根据不同产品制定不同的营销策略。而要科学地制定有效的营销策略就必须把产品进行科学的分类。产品的分类有多种方法。

(1)按照产品是否耐用和是否有形,可分为非耐用品、耐用品和服务。

(2)按照产品的使用用途分类,可分为生活资料和生产资料。

(3)按照消费者的购买习惯分类,可分为便利品、选购品、特殊品、非渴求物品。

第二节 产品组合

企业根据市场需要和自身能力,决定生产经营哪些产品。明确各产品之间的配合关系,对企业的兴衰有着重要的影响。

一、产品组合及其相关概念

(一)产品组合、产品线和产品项目

1.产品组合

产品组合指企业生产经营的全部产品的有机结合方式,是一个企业提供给市场的全部产品线和产品项目的组合或结构,即企业的业务经营范围。

2. 产品线

产品线又称产品大类,是指产品在技术上和结构上密切相关,具有相同的使用功能、规格不同而满足同类需求的一组产品。如某家电生产企业生产的产品系列有电视机、电冰箱、洗衣机、空调机,那么该公司就有四条产品线。

3. 产品项目

产品项目是指产品线中各种不同的品种、规格、质量、价格、技术结构和其他特征的具体产品,企业产品目录上列出的每一个产品都是一个产品项目。

(二)产品组合的宽度、长度、深度与关联度

通常人们从产品组合的宽度、长度、深度和关联度四个方面来描述企业的产品组合情况。

1. 产品组合的宽度

产品组合的宽度,亦称广度,是指企业所拥有的产品线的数量。产品线越多,说明企业的产品组合就越宽,否则就越窄。

2. 产品组合的长度

产品组合的长度是指企业所有产品线中包含的所有产品项目的总和。以产品项目总数除以产品线数目即得出产品线的平均长度。

3. 产品组合的深度

产品组合的深度是指每一条产品线中每一品牌包含的具体的花色、品种、规格、款式的产品的数量。如某品牌的汽水有3种规格,2种味道,则该品牌产品的深度就是6。

4. 产品组合的关联度

产品组合的关联度,是指各条产品线之间在最终用途、生产条件、分销渠道以及其他方面相互关联的程度。其关联程度密切,说明企业的产品线之间具有一致性,反之,则缺乏一致性。例如,某家企业生产电冰箱与空调,产品组合的关联性就较强,因为这些产品都是家用电器,而且都依托制冷技术,在最终使用、生产条件和分销渠道有密切联系。

(三)产品组合决策

产品线是决定产品组合宽度、长度和关联度的基本因素,动态的最优产品组合

正是通过及时调整产品线来实现的,因此,对产品线的调整是产品组合策略的基础和主要组成内容。

1. 扩大产品组合策略

扩大产品组合策略即增加产品组合的宽度和深度,也就是增加产品线或产品项目,扩展经营范围,生产经营更多的产品以满足市场需要。

鄂尔多斯羊绒集团为增强产品竞争力,提高经济效益,引进日本、意大利等国先进设备,增加了羊绒大衣、围巾、衬衫、披巾等产品线(宽度);在增加了产品宽度的同时,也增加了产品项目总数(长度),有不同规格、色泽、款式等;又开发出绒+棉、绒+麻、绒+丝、绒+纤等系列。

2. 缩减产品组合策略

缩减产品组合策略即取消一些产品线或产品项目,集中力量生产经营一个系列的产品或少数产品项目,实行高度专业化。

(1)缩减产品线,只生产经营某一个或少数几个产品系列。

(2)缩减产品项目,取消一些低利产品,尽量生产利润较高的少数品种规格的产品。

3. 产品线延伸策略

产品线延伸是指企业把产品线延长而超出原有范围。产品线延伸策略有三种形式。

(1)向上延伸。即在原有产品线内增加高档产品项目。

(2)向下延伸。即在高档产品线中增加低档产品项目,如五粮液→五粮醇→五粮春→金六福→京酒等。

(3)双向延伸。生产中档产品的企业在市场上可能会同时向产品线的上下两个方向扩展。

4. 产品线现代化策略

产品线的现代化可采取两种方式实现:一是逐项更新,二是全面更新。

第三节 产品生命周期

产品生命周期(Product Life Cycle,缩写为PLC)指某产品从进入市场到被淘汰退出市场的全部运动过程。典型的产品生命周期分为:导入期、成长期、成熟期和衰退期四个阶段。

(1) 产品生命周期与产品使用寿命期不同。

产品使用寿命期:指产品的耐用时间,也就是产品从投入使用到损坏报废为止的时间。

有些产品使用寿命期很短,但市场寿命期很长(最典型的是肥皂、鞭炮);有些产品市场寿命期很短,但使用寿命期很长,如时尚服装、呼啦圈等。

(2) 产品市场寿命期是指产品品种的市场寿命期,而不是指产品种类。

汽车作为代步工具从未被淘汰,具有强盛的市场寿命期,但有的款式或型号则被淘汰。

(3) 通过市场的产品才有市场寿命期,不通过市场买卖的产品就没有市场寿命期。

一、导入期

(一) 导入期的特点

导入期,指新产品正式上市后销售呈缓慢增长状态的阶段。其主要特点:①产品设计尚未定型,生产批量小,单位生产成本高,广告促销费用高。②消费者对产品不熟悉,只有少数追求新奇的顾客可能购买。③销售网络还没有全面、有效地建立起来,销售渠道不畅。④由于销量少成本高,企业通常获利甚微,甚至发生亏损。⑤同类产品的生产者少,竞争者少。

(二) 导入期的营销策略

导入期企业的营销重点一般有四种可供选择的策略。

1. 快速撇脂策略

采用高价格、高促销费用的方式推出新产品,以求迅速扩大销售量,取得较高的市场占有率,快速收回投资。企业采取这种策略应具备的条件是:①新产品有特色、有吸引力,优于市场原有同类产品。②有较大的潜在市场需求。③目标顾客的求新心理强,急于购买新产品,并愿意为此付出高价。④企业面临潜在竞争的威胁,需及早树立名牌。

2. 缓慢撇脂策略

以高价格低促销费用推出新产品。应具备的条件:①市场规模相对较小,现实的和潜在的竞争威胁不大。②新产品具有独特性,有效地填补了市场空白。

3. 快速渗透策略

采用低价格、高促销费用的方式推出新产品。迅速占领市场,取得尽可能高的市场占有率。应具备的条件:①产品的市场容量很大。②消费者对产品不了解,且对价格十分敏感。③企业面临潜在竞争的威胁。④单位生产成本可随生产规模和销量的扩大而大幅度下降。

4. 缓慢渗透策略

采用低价格、低促销费用的方式推出新产品。低价可以促使市场迅速接受新产品,低促销费用则可以降低营销成本,实现更多的利润。应具备的条件:①产品的市场容量大。②消费者对价格十分敏感。③企业面临潜在竞争的威胁。

二、成长期

(一)成长期特点

成长期是指某种产品在市场上已打开销路后的销售增长阶段。在此阶段产品在市场上已被消费者所接受,销售额迅速上升,成本大幅度下降,企业利润得到明显的改善。其主要特点:①花色品种增加,生产批量增大。②消费者对新产品已经熟悉,销售量迅速增长。③建立了较理想的销售渠道。④由于销量增长,成本下降,利润迅速上升。⑤同类产品的生产者看到有利可图,进入市场参与竞争。

(二)成长期营销策略

在产品的成长期,可以采取以下营销策略:

(1)提高产品质量,增加新的功能、特色和款式。

(2)开拓新市场和增加新的分销渠道。

(3)加强品牌宣传。广告宣传要从介绍产品转向树立产品形象,争取创立品牌。

(4)选择适当时机调整价格,提高本企业产品的竞争力。

三、成熟期

(一)成熟期特点

成长期指某种产品在市场上普遍销售以后的饱和阶段,销售额从显著上升逐

步趋于缓步下降,通常成熟期在产品生命周期中持续的时间最长。主要特点:

(1)产品销售量逐步达到最高峰,然后缓慢下降。

(2)销售利润也从成长期的最高点开始下降。

(3)市场竞争非常激烈,各种品牌、各种款式的同类产品不断涌现。

(二)成熟期营销策略

成熟期企业宜采取的营销策略有三种。

1. 市场改良

市场改良也叫市场多元化策略,就是开发新市场、寻求新用户。一是寻求新的细分市场;二是刺激现有顾客,增加使用频率;三是重新定位,寻求新的买主。

2. 产品改良

(1)品质改进策略:增加产品功能。

(2)特性改进策略:增加产品新特性(高效性、安全性、方便性)。

(3)式样改进策略:基于美学观点进行改变。

(4)服务改进策略:提供更好的服务。

美国一家咨询公司在调查中发现,顾客从一家企业转向另一家企业,70%的原因是服务。他们认为,企业员工怠慢了一个顾客,就会影响40名潜在顾客。在竞争焦点上,服务因素已逐步取代产品质量和价格,世界经济已进入服务经济时代。正是基于这样的认识,美国IBM公司公开表示自己不是电脑制造商,而是服务性公司。该公司总裁说:"IBM并不卖电脑,而是卖服务。"

3. 市场营销组合改良

市场营销组合改良即通过对产品、定价、渠道、促销四个市场营销组合因素加以综合改革,刺激销售量回升。

四、衰退期

(一)衰退期特点

衰退期是指产品销量急剧下降,产品开始逐渐被市场淘汰的阶段。主要特点:①产品销量和利润迅速下降,价格下降到最低水平。②市场上出现了新产品或替代品。③多数竞争者被迫退出市场,继续留在市场上的企业减少服务,大幅度削减促销费用,以维持最低水平的经营。

(二)衰退期营销策略

1. 继续策略

沿用过去的营销组合策略,把销售维持在一个低水平上,待适当时机退出市场。

2. 集中策略

集中策略即把企业能力和资源集中使用在最有利的细分市场、最有效的销售渠道和最易销售的品种、款式上。

3. 收缩策略

收缩策略即大幅度降低销售费用,以增加眼前利润,通常作为停产前的过渡策略。

4. 放弃策略

当机立断,转向其他产品。

第四节 新产品开发

一、新产品的种类

新产品是相对老产品而言的,目前尚无世界公认的确切定义。在结构、材质、工艺等某一个方面或几个方面对老产品有明显改变,或采用新技术原理、新设计构思,从而显著提高产品的性能、扩大了使用功能的产品称之为新产品。

因此,新产品可以包括以下几种类型。

(一)全新产品

全新产品指应用新的技术、新的材料研制出的具有全新功能的产品。全新产品也可以说是一种发明。

(二)换代产品

换代产品指在原有产品的基础上,全部采用或部分采用新技术、新材料、新工艺研制出来的新产品。如手机网络从2G手机网络发展到3G手机网络再到4G手机网络;电视机由黑白发展到彩色、液晶、等离子等。

(三) 改进产品

改进产品指对老产品的性能、结构、功能加以改进,使其与老产品有较明显的差别。如装有鸣笛的开水壶,各式新款服装等。

(四) 仿制新产品

仿制新产品,是指企业仿照市场上已有的产品生产的新产品。如我国国内市场上出现各种服装,用途上没有改变,但在面料、款式、颜色和风格上做了少许的改变。

(五) 重新定位产品

可以对现有产品开发出新的用途,或者为现有产品寻找到新的消费群,使其畅销起来。

二、新产品开发的必要性

创新是企业生命之所在。
(1) 新产品开发是维护企业发展的利器。
(2) 新产品开发是保证市场竞争的重要条件。
(3) 新产品开发是增强企业活力的条件。

三、新产品开发程序

新产品开发程序一般包括创意构思、筛选构思、产品概念形成、制订营销计划、商业分析、产品开发、市场试销、商业化等步骤。

(一) 寻求创意

所谓创意,就是指开发新产品的设想,真正好的构思来自灵感、勤奋和技术。新产品创意的主要来源有:顾客、科学家、竞争对手、推销员、经销商、企业高层管理、市场研究公司、广告公司等。

(二) 创意筛选

一是该创意是否与企业的策略目标相适应。
二是企业有无足够的能力开发这种创意。

(三) 产品概念形成

经过筛选后的构思仅仅是设计人员或管理者头脑中的概念,离产品还有相当的距离,还需要形成能够为消费者接受的、具体的产品概念。产品概念的形成过程实际上就是构思创意与消费者需求相结合的过程。

例如,某知名化妆品公司要生产一种满足消费者美白需要的化妆品,这是一种产品构思。为了形成具体的产品概念,化妆品公司要解答一些问题,如何人、何时、何处使用、如何使用。对产品的原料、形状、规格、包装等,也要进行详细的描述。

(四) 商业分析

企业市场营销管理者要复查新产品将来的销售额、成本和利润估计,看是否符合企业目标,如果符合就可以进行新产品开发。

(五) 产品研制

通过营业分析,研究与开发部门及工程技术部门就可以把产品概念转变为产品,进入试制阶段。只有在这一阶段,文字、图表及模型等描述的产品设计才能变为确实的物质产品。

(六) 市场试销

商品在小范围内进行销售实验,直接调查消费者对试销商品的反映和喜爱程度,并以此调查资料为依据进行市场预测。

(七) 商业化

新产品试销成功后,就可以正式批量生产,全面推向市场。在产品正式上市阶段,企业需要做出如下决策:①何时上市。②何地上市。③产品卖给谁。④怎样上市。

第五节 品牌策略

一、品牌

(一) 品牌的概念

品牌的本意是用来区别不同生产者的产品。事实上,英文中的品牌(brand)一词源于古挪威语的 brandr,意思是打上烙印。古人最初就是通过在牛身上打上不同的标记来表明其主人的。渐渐地,这种以特殊标记标明物品所有权的方法便广泛应用于区分各种私有物品,如各种牲畜、器物乃至奴隶。

随着商品经济范围的进一步扩展,采取独特的标记标明生产者的做法得到广泛的应用,并发展成为某一生产者的产品起一个独特名称的做法。中国大多百年老字号,如张小泉、茅台、王致和、致美斋、同仁堂等著名品牌都源于此。

品牌俗称牌子,是用以识别某个销售者或某群销售者的产品或服务,并使之与竞争对手的产品或服务区别开来的商业名称、标志。通常由文字、标记、符号、图案和颜色等要素或这些要素的组合构成。品牌是一个集合概念,包括品牌名称、品牌标志、商标。就其实质来讲,它代表销售者对交付给买者的产品特征、利益和服务的承诺。

品牌名称:品牌中可用语言称谓表达的部分——李宁、可口可乐、耐克。

品牌标志:指品牌中可被认出、易于记忆但不能用言语称呼的部分。它包括专门设计的符号、图案、色彩或字体。例如,麦当劳欢乐餐厅的金黄色的 M 标记和身上五颜六色的小丑主要产生视觉效果。

(二)品牌的内涵

品牌作为特定企业及其产品的形象标识,具有以下六个层次的含义:

1. 属性

属性是指品牌所代表的产品或企业的品质内涵。它可能代表着某种质量、功能、工艺、服务、效率或市场位置。比如,奔驰代表了高贵、精湛、耐用;海尔代表了适用、质量及服务。

2. 利益

从消费者的角度去理解各种属性对自身所带来的功能和情感利益。购买耐用这一属性,是因为产品可以使用更长时间;昂贵带给消费者的是受人羡慕的情感利益;技术先进带来的是超凡的舒适及便利性。

3. 价值

顾客不是在买属性而是买利益,这就需要属性转化为功能性或情感性的利益。

4. 文化

一种产品的品牌还可能代表着一种特定的文化,从奔驰汽车给人们带来的利益等方面看,奔驰品牌蕴含着有组织、高效的德国文化。

5. 个性

不同的品牌会使人们产生不同的联想,这是由品牌个性所决定。如可口可乐追求的尽情享乐的个性,就迎合了许多青年消费者追求自由和快乐的需要。

6.用户

品牌暗示了购买或使用产品的消费者类型。比如,奔驰的使用者大多是事业成功人士;娃哈哈的使用者最早界定在少年儿童。

二、品牌与商标

企业在政府有关主管部门注册登记以后,就享有使用某个品牌名称和品牌标志的专用权。这个品牌名称和品牌标志受到法律保护,其他任何企业不得仿效使用。商标是企业的无形资产,驰名商标更是企业的巨大财富。

在企业的营销实践中,品牌与商标的基本目的也都是为了区别商品来源,便于消费者识别商品,以利于竞争。但品牌并不完全等同于商标,它们的联系和区别主要表现在以下几个方面。

(1)商标属于法律范畴,品牌属于营销概念。

(2)商标是品牌的一部分。

(3)商标掌握在企业手中,而品牌则是由消费者决定的。

三、品牌的作用

正是品牌所包含的丰富的内容,决定了品牌对于消费者、生产者所具有的重要作用。

(一)对于消费者的作用

(1)有助于消费者识别产品的来源或产品的制造厂家,更有效地选择或购买商品。

(2)借助品牌,消费者可以得到相应的服务便利,如更换零部件、维修服务等。

(3)品牌有利于消费者权益的保护,如选购时避免上当受骗,出现问题时便于索赔和更换等。最佳品牌就是质量的保证。品牌实质上代表着卖者交付给买者的产品特征、利益和服务的承诺。

(4)有助于消费者避免购买风险,降低购买成本,从而更有利于消费者选购商品。

(5)好的品牌对消费者具有很强的吸引力,有利于消费者形成品牌偏好,满足消费者的精神需求。

(二)对于生产者的作用

(1)有助于产品的销售和占领市场。品牌知名度形成后,企业可利用品牌优势扩大市场,促成消费者对于品牌的忠诚。

(2)有助于稳定产品的价格,减少价格弹性。增强对动态市场的适应性,减少未来的经营风险。

(3)有助于细分市场,进而进行市场定位。

(4)有助于新品的开发,节约产品投入成本。借助成功或成名的品牌,扩大企业的产品组合或延伸产品线,采用现有的知名品牌,利用其一定知名度或美誉度,推出新品。

(5)有助于企业抵御竞争者的攻击,保持竞争优势。

四、品牌策略

品牌策略涉及的方面较多,企业在制定品牌策略时可侧重在以下几个方面做出策略选择。

(一)品牌有无策略

使用品牌对大部分商品可以起到很好的促销作用,但并非所有的商品都必须使用品牌,以下情况可以不使用品牌:

(1)商品本身并不具有因制造者不同而形成的特点。

(2)消费者习惯上不是认牌购买的商品等。

(3)生产简单,没有一定的技术标准,选择性不大的商品。

(4)临时性或一次性生产的商品。

近年来,美国的一些日用消费品和常用药品出现了无品牌倾向。

(二)品牌归属策略

生产者和经销商在采用哪家品牌的问题上,各有不同的抉择。

1. 生产者的抉择

生产企业为了获取品牌利益,便于新产品市场开发,特别是生产者品牌有望出名,经销商也乐意接受时,一般都选择使用生产者品牌。但是,那些资金薄弱、市场经营经验不足的小企业,为了有效地集中力量和资源组织生产,宁可使用信誉高、有影响力的经销商品牌分销自己的产品,而不必或暂时不必设计和使用自己的品牌。

2. 经销商的抉择

经销商是否自立品牌,要根据品牌利益、花费代价和承担的风险综合考虑决定。实力雄厚的经销商,为创造自己的特色,获取自己的品牌利益,而选用自己的品牌,如沃尔玛、家乐福、宜家等。大部分经销商,都没有能力保持产品的适度品质并推广品牌,同时考虑到利用生产者品牌简便省力,费用又低,便乐于沿用生产者品牌。也有一些经销商,把生产者品牌与经销商品牌连用,以生产者品牌的声誉,带动经销商品牌,提高其市场地位,争取顾客信任,如屈臣氏、娇兰佳人等。

(三)品牌名称策略

一个企业生产和经营多种产品,根据不同情况,可在统一品牌策略和个别品牌策略中做出选择。

1. 统一品牌

统一品牌是指企业将生产和经营的全部产品,统一使用一个品牌。当企业能维持产品线的所有产品的适当品质时,即可用此种策略。使用这种策略,可使新产品的推广费用降低,不必为创制新品牌和宣传新品牌而增加开支。

2. 个别品牌

个别品牌是指企业对各种不同的产品分别使用不同的品牌。当高档产品的生产经营者发展低档产品线时,一般都采用这种策略。其好处是可避免低档产品对高档产品声誉的影响,也便于为新产品寻求新的品牌。同时,还有利于企业的不同产品适应市场上的不同需要,争取更多买主。个别品牌与多品牌策略有所不同,多品牌是企业同时为一种产品设计两种以上相互竞争的品牌。如宝洁公司的洗发水有潘婷、海飞丝和飘柔等,它们相互竞争,是典型的多品牌策略的运用。

如果使用统一品牌或个别品牌均不适宜,也可采用个别式统一品牌,即同类产品统一品牌;不同类别的产品,品牌不同,使不同品牌代表不同的品质水准。

(四)多重品牌策略

多重品牌策略是指企业在同类产品中同时使用两种或两种以上品牌的策略。首创这种品牌策略的是美国宝洁公司。

第六节 包装策略

一、产品包装的概念和分类

(一)产品包装的概念

所谓产品包装,包含两层含义:一是指采用不同形状的容器或物品对产品进行包容或捆扎,二是泛指盛装产品的容器或包装物。在实际工作中,二者往往难以分开,故统称为产品包装。

包装作为产品整体概念中的一个重要组成部分,其重要性远远超出了作为容器保护商品的本身。有道是"佛要金装,人要衣装""货卖一张皮"。人们把包装比喻为"沉默的推销员",而有些营销学者甚至将包装(package)称为4Ps后的第5个P就充分说明了包装在现代市场营销活动中的重要作用,它已成为企业开展市场营销时,刺激消费需要,开展市场竞争的重要手段。

(二)包装的分类

(1)运输包装(外包装或大包装)——主要用于保护产品品质安全和数量完整。

(2)销售包装(内包装或小包装)——实际上是零售包装,不仅要保护商品,更重要的是要美化和宣传商品,便于陈列,吸引顾客,方便消费者认识、选购、携带和使用。

二、包装的作用

保护产品、便于储存、促进销售、增加盈利。

三、包装的设计

(一)包装的设计内容

1. 包装材料的选择

一是要考虑方便用户使用,二是要考虑节省包装费用,三是外观装饰要考虑符合人们的审美情趣,四是包装材料的选用要考虑有利于环保。

2.包装标签的设计

包装标签是指附着或系挂在商品销售包装上的文字、图形、雕刻及印制的说明。一般应包括制造者或销售者的名称和地址、商品名称、商标、成分、品质特点、包装内商品数量、使用方法及用量、编号、储藏应注意的事项、质检号、生产日期和有效期等内容。

3.包装标志的设计

包装标志是在运输包装的外部印制的图形、文字和数字以及它们的组合。一般主要有运输标志、指示性标志、警告性标志三种。

(二)包装的设计原则

包装设计是一项技术性和艺术性很强的工作,总的原则是美观、实用、经济。企业在设计产品包装时,应遵循如下原则:

(1)包装的造型要美观大方。

(2)包装的质量与产品的价值相一致。

(3)包装要能显示产品的特点和独特风格。

(4)包装设计应适应消费者心理。

(5)包装设计应尊重消费者的宗教信仰和风俗习惯。

(6)符合法律规定。

四、包装策略

(一)类似包装策略

类似包装策略指企业生产的各种产品,在包装上采用相同的图案、相近的颜色,体现出共同的特点,也叫产品线包装。

(二)等级包装策略

(1)不同质量等级的产品分别使用不同包装,表里一致:高档优质包装,普通一般包装。

(2)同一商品采用不同等级包装,以适应不同购买力水平或不同顾客的购买心理。

(三)配套包装策略

配套包装策略指企业将几种相关的商品组合配套包装在同一包装物内。例如,化妆盒里的配套化妆品,唇彩、粉底、爽肤水、眼霜、眉笔等。

(四)再使用包装策略

再使用包装策略指包装物内商品用完之后,包装物本身还可用作其他用途。比如饼干盒、糖果盒可用来装文具杂物,药瓶作水杯用等。

(五)分类包装策略

对同一种产品采用不同等级的包装,以适应消费者的不同购买目的。如购买产品用作礼品,则可采用精致包装。若购买者自己用,则可采用简单包装。对儿童使用的,可配以色彩和卡通形象。

(六)附赠品包装策略

附赠品包装策略是指在包装物内附有赠品以诱发消费者重复购买的做法。如小浣熊干脆面在包装中附赠小玩具;有些商品包装内附有奖券,中奖后可获得奖品;如果是用累积获奖的方式效果更明显。

(七)改变包装策略

改变包装策略指企业的包装策略随市场需求的变化而改变的做法。可以改变商品在消费者心目中的地位,进而收到迅速恢复企业声誉之佳效。

第九章 营销价格策略

价格策略的制定和执行是市场营销活动中很重要的部分。价格对市场营销组合中的其他策略会产生很大影响,并与其他营销策略相结合共同作用于营销目标的实现。价格是企业参与竞争的重要手段,其合理与否会直接影响企业产品或服务的销路。

第一节 产品定价的因素

价格既是一门科学,又是一门艺术。出于价格的形成极其复杂,受多种因素的影响,所以企业定价时必须全面分析各种影响因素。一般而言,产品定价上限一般取决于市场需求,下限取决于产品成本。在上限和下限内如何制定价格,取决于企业定价目标、政府政策和竞争对手的价格。

一、定价目标

企业定价应考虑的因素较多,定价目标也多种多样,不同企业可能有不同的定价目标,同一企业在不同时期也可能有不同的定价目标,企业应当权衡各个目标的依据及利弊,谨慎加以选择。一般来讲,企业可供选择的定价目标有以下五大类。

(一)利润最大化

这一目标的侧重点是短期内获得最大利润和投资回报率。其前提为以下3点。

(1)企业的生产技术和产品质量是在市场上居领先地位。
(2)同行业中竞争对手的力量较弱。
(3)商品供不应求。

(二)销量最大化

这一目标的着眼点在于追求长期利润,取得控制市场的地位。

(三)竞争导向

竞争导向指企业主要着眼于在竞争激烈的市场上以应付或避免竞争为导向的定价目标。在市场竞争中,大多数竞争对手对价格都很敏感,在定价以前,一般要广泛搜集信息,把自己产品的质量、特点和成本与竞争者的产品进行比较,然后制定本企业的产品价格。

(四)产品质量最优

以产品质量领先,优质优价,辅以优质服务。

(五)维持基本生存

如果企业产量过剩或面临激烈的竞争,只要其价格能够弥补可变成本和一些固定成本,企业的生存便可得以维持。

二、产品成本

产品的价格主要由成本、税金和利润构成。因此产品的最低价格取决于生产这种产品的成本费用。从长远看,任何产品的销售价格都必须高于成本费用,才能以销售收入来抵偿生产成本和经营费用,否则就无法经营。

三、营销组合因素

还要充分考虑影响产品价格的另外一个重要的、最难捉摸的因素——市场状况,主要包括市场产品供求状况、市场需求特性。

(一)市场产品供求状况

当产品供不应求时,产品价格就会上涨;当产品供过于求时,产品价格就会下跌。供求影响价格,价格调节供求。

(二)产品需求特性

(1)对高度流行或对品质具有很高要求的产品,价格属次要因素。
(2)购买频率大的日用品,有高度的存货周转率,适宜薄利多销。
(3)价格弹性。

四、竞争者的产品和价格

企业在进行定价时,必须考虑竞争者的营销战略,采取适当的方式,了解竞争者所提供产品的质量、价格、对手的实力等信息。

例如,一个正在考虑美的冰箱的消费者会把美的的价格和质量与其竞争产品如海尔、小天鹅的进行比较。如果美的采取高价格、高利润的策略,它就会引来竞争。而低价格、低利润的策略可以阻止竞争者进入市场或者把他们赶出市场。

五、政府的政策和法规

价格是国家调控经济的一个重要参数。国家通过税收、金融、海关等手段间接地控制价格,同时对垄断价格进行限制。因此企业定价的自由度要受政策因素影响。

例如,德国政府通过严格的租金控制法将房租控制在较低价格,将牛奶等控制在较高价格。南非政府将宝石的价格控制在较低价格,将面包控制在较高价格;我国工商总局为反暴利对国外的进口汽车价格进行了指导和限制等。

第二节 产品定价的计算方法

一、成本导向定价法

以产品成本为定价基本依据,按卖方意图的定价策略。特点是简便、易用。

长虹与海尔两家企业的具体战略完全不同,但它们归根到底都是追求规模经济以实现低成本优势。长虹的特点是以低价快速复制生产线形成规模经济,加上内地较低的劳动力成本,从而实现明显的低成本优势。海尔走的是另一条战略途径,即以大规模销售服务,促进大规模生产(含多元化经营),再逐步提高技术水平的这样一种循环发展道路。

(一)成本加成定价法

成本加成定价法就是按照单位成本加上一定百分比的加成决定价格。加成的含义就是一定比率的利润。公式为:

$$P = C(1+R)$$

式中,P——单位售价;

C——单位成本;

R——加成利润。

假设一双皮鞋的单价成本是 20 美元,加上 20%的利润,那么售价(P) = 20(1+20%) = 24(美元)。

西方国家的零售业,大都采用加成定价法。它们对各种商品加上预先规定的不同幅度的加成。比如,百货商店一般对烟类加成 20%,照相机加成 28%,书籍加成 34%,衣物加成 41%,珠宝饰品加成 46%,女帽类加成 50%,等等。

(二)目标收益定价法

目标收益定价法又称投资收益定价法,是根据企业的总成本或投资总额、预期销量和目标收益额来确定价格的一种定价方法。其基本公式为:

单位产品价格 = (总成本 + 目标收益额)/预期销量

例如,某服装企业预计其产品的销量为 20 万件,总成本为 1000 万元,决定完成利润目标为 200 万元,则:

单位产品价格 = (1000 + 200)/20 = 60(元)

美国通用汽车公司就是这样定价,它以总投资额 15%~20%作为每年的目标收益率,摊入汽车售价中。

(三)边际成本定价法

边际成本定价法也称边际贡献定价法,即仅计算变动成本,略去固定成本,而以预期的边际贡献补偿固定成本并获得收益。边际贡献是指企业增加一个产品的销售,所获得的收入减去边际成本的数值。如边际贡献不足以补偿固定成本,则出现亏损。其公式为:

单位产品价格 = 单位产品变动成本 + 单位产品边际贡献

(四)盈亏平衡定价法

盈亏平衡定价法又称量本利分析法。它利用收入、成本和利润之间的关系,来分析确定盈亏平衡点并以此确定价格。当一个企业的全部收入恰好等于全部成本时就达到了盈亏平衡。为了计算盈亏平衡点(也称保本点),企业需要掌握产品的单位价格、变动成本和固定成本。其基本公式如下:

单位产品价格(P) = 固定总成本(FC) ÷ 销量(Q) + 单位变动成本(V/C)

例如,某企业年固定成本为 10000 元,单位产品变动成本为 20 元/件,年销量为 5000 件,则该单位产品价格 = 10000÷5000 + 20 = 22(元)。

以盈亏平衡点确定价格只能使企业的生产耗费得以补偿,而不能得到收益。因此,在实际中均将盈亏平衡点价格作为价格的最低限度,通常在加上单位产品目标利润后才作为最终市场价格。有时,企业为了开展价格竞争或应付供过于求的市场格局,会采用这种定价方式以取得市场竞争的主动权。

二、需求导向定价法

需求导向定价法是根据消费者对产品和劳务的需求强度来确定产品价格的方法。需求强度大时取高价,需求强度小时取低价。其中常用的有以下两种方法。

(一)顾客感知价值定价法

以消费者对产品价值的感受及理解程度作为定价的基本依据。在超市上一瓶娃哈哈的纯净水是1.5元,而在高铁上则可定价5元。由于服务场所和稀缺提高了产品的附加价值,使顾客愿意支付那么高的价格。

感受价值定价法关键在于:企业要正确估计消费者所承受的价值,否则定价过高或过低都会给企业造成损失。

西门子的冰箱定价为4000元,虽然竞争者的同类产品定价只有2000元,但该公司的冰箱却比竞争者具有更大的销售量。

为什么顾客愿意多支付2000元来购买该公司的产品?

该公司做出如下解释:

(1)2000元——所产冰箱与竞争产品相同的价格。

(2)800元——能有更长的使用寿命。

(3)700元——提供更优良的服务所带来的溢价。

(4)500元——有更长的零配件保用期所带来的溢价。

(5)4000元——该公司所产冰箱的价值。

(二)反向定价法

反向定价法是企业根据消费者能够接受的最终销售价格,计算自己从事经营的成本和利润后,逆向推算出产品的批发价和零售价。

三、竞争导向定价法

企业定价以竞争对手的价格为依据来制定价格的方法。其中常用的有两种:

(一)随行就市定价法

随行就市定价法指企业按照行业的平均现行价格水平来定价。一般能为企业带来合理、适度的盈利。

(二)投标定价法

投标定价法指采购机构在报刊上登广告或发出函件,说明拟采购商品的品种、规格、数量等具体要求,邀请供应商在规定的期限内投标,采购机构从中选择报价最低、最有利的供应商成交。

经常被用于土地、承包工程、公路投标等。

第三节 产品定价的策略

在实践中,企业还需要利用灵活多变的定价策略,修正或调整产品价格。

一、新产品定价策略

新产品定价是企业定价的一个重要方面,也是一个棘手的问题。新产品定价没有借鉴的对象,它的合理与否不仅关系到新产品能否顺利进入市场和占领市场,还关系到产品的命运和企业的前途。新产品是运用科学技术新发明生产出来的具有新技术、新材料、新品质和新工艺等特征的产品。这类产品一般有专利保护,处于产品生命周期的导入期,其定价目标一般包括两方面:一是尽快被消费者采用,迅速扩大市场,占领市场。二是尽快收回成本,提高企业的经济效益。为此,企业多采用撇脂定价和市场渗透定价策略。

(一)撇脂定价策略

这就犹如从牛奶中撇取奶酪一样,在新产品上市之初就制定高价,以便在产品生命周期的开始阶段尽快收回投资和获取最大利润。等竞争者进入市场或市场容量萎缩时,再逐渐降低价格的策略。美国的苹果公司就是撇脂定价策略的典型代表,该公司在首次推出 iPhone 手机时,根据其新产品的独一无二的系统、设计、外观等优势,定下了最高的价格。当初中期的销售额下降之后,它适当降低了价格以吸引另一层对价格敏感的消费者。

(二)渗透定价策略

渗透定价策略指使用低价位将产品投向较大的市场,一开始就以低价迅速而深入地渗透市场,以便很快地吸引大量购买者并赢得较大的市场占有率。例如美国的 DELL 电脑就创造了渗透定价策略的成功范例,当 IBM 在美国电脑售价为 900 美元时,DELL 仅以 530 美元的低价进入美国市场,很快从竞争对手的手里抢了很大的市场份额。

二、折扣定价策略

折扣定价策略是企业为了鼓励顾客及早付清货款、大量购买、淡季购买而酌情降低基本价格的策略。

（一）数量折扣

根据购买数量的多少分别给予大小不同的折扣，以鼓励大量购买。如在某百货商店的服装专柜一次性消费满 1000 元就可以享受额外 9 折优惠。

（二）现金折扣

企业对在规定的时间内提前付款或用现金付款的消费者，所给予的一种价格折扣。其目的是鼓励消费者尽早付款，加速企业资金周转。

在西方国家，典型的付款期限折扣表示为"5/30，Net 60"。其含义是在交易后 30 天内付款，消费者可以得到 5% 的折扣；超过 30 天，在 60 天内付款不予消费者折扣；超过 60 天付款消费者要加付利息。

（三）商业折扣

商业折扣也叫功能折扣。指企业根据中间商的不同类型和不同分销渠道所提供的服务不同，给予不同的折扣。功能折扣的比例，主要考虑中间商在分销渠道中的地位、对生产企业的重要性、购买批量、完成的促销功能、承担的风险、服务水平、履行的商业责任，以及产品在分销中所经历的层次和在市场上的最终售价等。功能折扣的结果是形成购销差价和批零差价。

例如，一家制造商可能允许零售商从建议的零售清单价格中提一个 20% 的商业折扣，以抵消零售功能成本并获取利润。同样，制造商可能允许批发商给出一种低于建议零售价 20% 和 10% 的连锁折扣即 100/20/15。在这个例子中，零售价 100 元，零售商拿到的价格是 80 元，批发商拿到的价格是 65 元。

（四）季节折扣

季节折扣指对在销售淡季购买产品的客户提供的价格优惠。

例如，旅行社和航空公司，在旅游淡季通常都给顾客一定的折扣优待。目的是使自己的设备能够充分利用，提高经济效益。

(五)价格折让

这是另一种类型的价目表价格的减价。折让的形式有以下3种。

(1)回收折让。指消费者可以用同类的旧产品来抵消一部分产品价格,例如空调和洗衣机等。

(2)免费服务折让。指在销售有形产品的同时,向消费者提供免费的服务,例如送货上门、安装、维修等。

(3)促销折让。一家零售商在电视上刊登某个牌子的服装广告,这家服装厂因此为它支付一定比例的广告费用。

三、心理定价策略

运用心理学的原理,依据不同类型的消费者在购买商品时的不同心理要求来制定价格,以诱导消费者增加购买。

(一)整数定价策略

整数定价策略是把商品的价格定成整数,不带尾数,使消费者产生一分钱一分货的感觉。主要适应于高档消费者或消费者不太了解的某些商品。例如,一颗钻石戒指的定价为11000元,而不是9999元。

(二)尾数定价策略

尾数定价,也称零头定价或缺额定价,即给产品定一个零头数结尾的非整数价格。大多数消费者在购买产品时,尤其是购买一般的日用消费品时,乐于接受尾数价格。如9.9元、19.98元等。消费者会认为这种价格经过精确计算,购买不会吃亏,从而产生信任感。同时,价格虽离整数仅相差几分或几角钱,但给人一种低一位数的感觉,符合消费者求廉的心理愿望。

有时候尾数的选择完全是出于满足消费者的某种风俗和偏好,如西方国家的消费者对"13"忌讳,日本的消费者对"4"忌讳。美国、加拿大等国的消费者普遍认为单数比双数少,奇数比偶数显得便宜。我国的消费者则喜欢尾数为"6"和"8"。

(三)分级定价策略

这是指在定价时,把同类商品分为几个等级,不同等级的商品其价格有所不同。这种定价策略能使消费者产生货真价实、按质论价的感觉,因而容易被消费者接受。

(四)声望定价策略

声望定价即针对消费者"便宜无好货、价高质必优"的心理,对在消费者心目中享有一定声望,具有较高信誉的产品制定高价。不少高级名牌产品和稀缺产品,如豪华轿车、高档手表、名牌时装、名人字画、珠宝古董等,在消费者心目中享有极高的声望价值。购买这些产品的人,往往不在于产品价格,而最关心的是产品能否显示其身份和地位,价格越高,心理满足的程度也就越大。

(五)招徕定价策略

一些超市为了招徕顾客,几种特价品制定非常低的价格,吸引顾客前来商场,其目的不是销售几种特价品,而是寄希望于顾客连带购买其他商品。

(六)习惯定价策略

许多商品,尤其是日用消费品,其价格一旦固定下来,习惯了这一价格的消费者在心理上会形成一种价格倾向。对这类产品的价格一般不宜轻易变动,否则,价高会引起"涨价"的社会反响,价低了会引起是否货美价实的怀疑。如必须变价时,则应同时采取加强宣传等配套措施。

四、地区定价策略

企业产品要运往不同的市场区域进行销售,其中发生的运输费用对产品的价格会产生显著的影响。

(一)FOB 原产地定价

FOB 是一种贸易条件,原产地定价(FOB)在国际贸易中习惯称为"离岸价"或"船上交货价格"。FOB 原产地定价指买方按照出厂价格购买某种产品,卖方只负责将产品运到产地某种运载工具上交货,由买方承担其后所发生的全部费用和风险。

(二)统一交货定价

统一交货定价,也称送货制价格,即卖方将产品送到买方所在地,不分路途远近,统一制定同样的价格。

(三)分区定价

根据顾客所在地区距离的远近,将产品覆盖的整个市场分成若干个区域,在每个区域内实行统一价格。

(四)基点定价

选定某些城市作为基点,然后按一定的厂价加上从基点城市到消费者所在地的运费来定价,而不管产品实际上是从哪个城市起运的。西方的制糖、水泥、钢铁和汽车等行业一直采用基点定价。

(五)运费免收定价

有些企业因为急于在某些地区开展市场,会选择由本企业负担全部或部分实际运费。

五、产品组合的定价策略

(一)产品线定价策略

几乎所有企业都生产或经营一种产品的不同类型和规格,各以不同价格出售。因为不同型的产品为不同的市场细分所欢迎,完整的产品线有可能扩大该产品的市场占有率。如三星手机将手机市场分为四个档次,分别定为低于 1500 元、1500~3000 元、3000~5000 元、高于 5000 元。顾客自然就会把这几种价格将三星手机产品分为低、中、中高和高四个档次,有利于吸引更多的消费者。

(二)附带产品定价策略

第一种是非必须附带产品定价,许多企业在提供主要产品的同时,还提供一些与主要产品密切相关的附带产品,但是并不一定必须附带。例如,有的饭店饭菜的价格定得低,而酒水的价格定得较高,靠低价饭菜吸引顾客,以高价的酒水赚取厚利。另外一种是连带产品定价,指必须与主要产品一同使用的产品。很多企业往往把主要产品的价格定得较低,而把连带产品价格定得较高,如柯达公司就是这样,照相机价格低,而靠胶卷来赚钱。

(三)副产品定价法

企业在生产过程中(石油、肉类、化工产品)往往有一些副产品,企业必须为这些副产品寻找市场。只要价格能抵偿副产品的储运费用开支即可。

(四)配套定价策略

这种方法是把有关的多种产品搭配成套,一起卖出。如卖剃须刀的企业将剃须刀、剃须刀片和剃须泡沫水合在一起销售等。采取这种策略，必须使价格优惠到有足够的吸引力，比单件购买便宜、方便，以促进销售。

第四节　营销中的价格调整

企业处在一个不断变化的环境之中，为了生存和发展，有时需要主动降价或提价，有时又需要对竞争者的变价做出适当的反应。

一、企业降价与提价

(一)企业降价

企业降低价格的主要原因如下。

(1)生产能力过剩。出现库存积压，需要扩大销售，但又不能通过产品改进和加强销售等扩大市场，在这种情况下，企业就需要考虑降价。

(2)在强大竞争压力下，企业的市场占有率下降。例如，美国的汽车、电子产品、照相机、钟表等，曾经由于日本竞争者的产品质量较高、价格较低，丧失了一些市场份额，在这种情况下，美国一些企业不得不降价竞销。

(3)企业的成本费用比竞争者低。企图通过降价来控制市场或提高市场占有率，从而扩大生产和销售量，降低成本费用。

(二)企业提价

虽然提价会引起消费者、中间商和企业推销人员的不满，但是一个成功的提价策略可以使企业的利润大大增加。引起提价的主要原因如下。

1.由于通货膨胀，物价上涨，企业的成本费用上升

这种条件下企业不得不提价。企业可以采用以下手段来应付通货膨胀：

(1)采用推迟报价的策略。即企业暂时不规定最终价格，等到产品制成或交货时才规定最终价格。在工业建筑和重型设备制造业中常用此策略。

(2)在合同中规定调整条款。即企业在合同中规定在一定时间内(一般到交货时为止)可以按照某种价格指数来调整价格。

(3)采取不包括某些服务的定价策略。即在通货膨胀、物价上涨的情况下，企业决定产品价格不动，但原来提供的某些服务另行计价，这样原来提供的产品价格实际上是提高了。

(4)减少价格折扣。即企业决定削减正常的现金和数量折扣,并限制销售人员以低于价目表的价格拉生意。

(5)取消低利润产品。

(6)降低产品质量,减少产品特色和服务。采取这种策略可保持一定的利润,但会影响企业声誉和形象,失去忠诚的顾客。

2. 企业的产品供不应求,不能满足所有顾客的需要

在这种情况下,企业必须提价。提价方式包括直接提价,减少或取消价格折扣,在产品大类中增加价格较高的项目,对顾客实行配额等。

企业提价可以公开进行,但最好采用较为隐蔽的方式进行。例如,以便宜的配料代替价格上涨的配料,去掉产品的某些特色或服务,减少分量或改变包装等。在提价时,为了减少顾客的不满,企业应当向顾客说明提价的原因,并帮助顾客解决提价带来的问题。

二、顾客对企业变价的反应

企业无论提价或降价,都必然影响购买者、竞争者、中间商和供应商的利益,而且政府也会关心企业变价。这里先分析购买者对企业变价的反应。

对于产品降价,顾客可能会这样理解:

(1)这种产品式样过时了,将被新型产品取代。

(2)这种产品有某些缺点,销售不畅。

(3)企业遇到财务、资金困难,难以继续经营。

(4)价格还会下跌,等一等再买。

(5)这种产品的质量下降了。

提价通常会影响销售,但顾客对某种产品的提价也可能这样理解:①这种产品很畅销,不赶快买就买不到了。②这种产品很有价值。③卖主想尽量取得更多利润。

一般来说,购买者对于价值高低不同的产品价格的反应有所不同。顾客对于那些价值高、经常购买的产品的价格变动较敏感,而对于那些价值低、不经常购买的产品,即使单位价格较高,购买者也不大注意。

此外,购买者虽然关心产品价格变动,但是通常更关心取得、使用和维修产品的总费用。因此,如果卖主能使顾客相信某种产品取得、使用和维修的总费用较低,就可以把这种产品的价格定得比竞争者高,以获得更多的利润。

三、竞争者对价格变动的反应

企业在考虑变价时,除了要重视购买者的反应,还必须关注竞争对手的反应。当某一行业中企业数目很少、产品同质性强、购买者颇具辨别力与知识时,竞争者的反应就愈显重要。

(一)了解竞争者反应的主要途径

了解企业竞争者的反应至少可以通过两种方法:内部资料和统计分析。取得内部情报的方法有些是可接受的,有些则近乎刺探:例如,从竞争者那里挖来经理,以获得竞争者决策程序及反应模式等重要情报;雇用竞争者以前的职员,专门成立一个部门,其工作任务就是模仿竞争者的立场、观点、方法思考问题。类似的情报也可以由其他渠道(如顾客、金融机构、供应商、代理商等)获得,用统计分析方法来研究竞争者过去的价格反应,也可以得知其适应价格变化对策。必须指出,只有在竞争者的价格反应政策相当一致持久的情况下,统计方法才有意义。否则,就必须以不同的假设来分析,也就是假设竞争者在每次价格变动时所采取的反应都不相同。

(二)预测竞争者反应的主要假设

企业可以从以下两个方面来估计、预测竞争者对本企业价格变动的可能反应。

(1)假设竞争对手采取老一套办法对付本企业价格变动。在此情况下,竞争对手的反应是能够预测的。

(2)假设竞争对手把本企业每一次价格变动都看作新的挑战,并根据当时的利益做出相应的反应。在此情况下,企业就必须断定当时竞争对手的利益是什么。企业必须调查研究对手目前的财务状况、近来的销售和产能情况、顾客的忠诚情况及企业目标等。如果竞争者的目标是提高市场占有率,就有可能随本企业的价格变动而调整价格;如果竞争者的目标是获得最大利润,就会采取其他对策,如增加广告预算、加强广告促销或提高产品质量等。总之,在实施价格变动时,企业应善于利用各种信息来源,观测竞争对手的意图,以便采取适当的对策。

四、企业对竞争者变价的反应

企业经常会面临竞争者变价的挑战。如何对竞争者的变价做出及时、正确的反应是企业定价策略的一项重要内容。

(一)不同市场环境下的企业反应

在同质产品市场上,如果竞争者降价,企业也必须随之降价,否则顾客就会转而购买竞争者的产品。如果某个企业提价,且提价对整个行业有利,其他企业也会随之提价。但是,如果有企业不跟随提价,那么最先发动提价的企业和其他企业就有可能不得不取消提价。

在异质产品市场上,企业对竞争者变价的反应有更多的选择余地。因为在这种市场上,顾客选择卖主不仅考虑价格因素,而且还要考虑质量、服务、性能、外观、可靠性等因素。对于较小的价格差异可能并不在意。

面对竞争者的变价,企业必须认真研究以下七个问题:

(1)为什么竞争者要变价?

(2)竞争者是暂时变价还是打算永久变价?

(3)如果对竞争者的变价置之不理,对本企业的市场占有率和利润会有何影响?

(4)其他企业是否也会做出反应?

(5)是否可以采用非价格竞争策略应对竞争者的变价?

(6)如果本企业也进行变价,应怎样进行?

(7)竞争者和其他企业对于本企业的每个可能的反应又会有怎样的反应?

(二)选择有效的价格竞争策略

当企业遇到竞争者降价时,可考虑采用下列价格竞争策略。

1. 维持价格不变

采取该策略的企业认为,如果降价就会减少利润收入,而维持价格不变,尽管对市场占有率有一定的影响,但以后还能恢复市场阵地。当然,维持价格不变的同时,还要改进产品质量、提高服务水平、加强促销沟通等。运用非价格手段来反击竞争者。许多企业的实践证明,采取这种策略比简单地降价和低利经营更有效。

2. 降价

采取这种策略是因为:①降价可以使销售量和产量增加,从而使成本费用下降。②市场对价格很敏感,不降价就会使市场占有率大幅下降。③市场占有率下降以后就难以恢复。但是,降价以后企业仍应尽力保持产品质量和服务水平,否则会影响企业在顾客心目中的形象,损害企业的长期利益。

3. 提价

企业可以在提价的同时致力于提高产品质量或推出新品牌,以便与竞争者争夺市场。

(三)企业应变需要考虑的因素

受到竞争对手进攻的企业必须考虑:①产品在其生命周期中所处的阶段以及在企业产品投资组合中的重要程度。②竞争者的意图和资源。③市场对价格和价值的敏感性。④成本费用随着销量和产量的变化而变化的情况。

面对竞争者的变价,企业不可能花很多时间来分析应采取的对策。事实上,竞争者很可能花了大量的时间来准备变价,而企业又必须在几小时或几天内明确、果断地做出明智的反应。缩短价格反应决策时间的唯一途径是预料竞争者价格的可能变动,并预先准备适当的对策。

第十章 营销中的分销策略

分销渠道是整个营销系统的重要组成部分,企业营销渠道的选择将直接影响其他的营销决策,如产品的定价。分销策略同产品策略、价格策略、促销策略一样,也是企业能否成功开拓市场、实现销售及经营目标的重要手段。

在不少行业,有些公司因为渠道的成功合作而享受双赢的结果,也有公司由于渠道管理不善而被逼到了墙角,企业和渠道始终在合作中博弈。同时随着 B2C 电子商务及电子商务 O2O 模式的迅速发展,分销渠道及其管理挑战与机遇同在。

第一节 分销渠道的概念

一、分销渠道的概念与功能

分销渠道也叫销售渠道或通路,是指产品或服务从制造商流向消费者(用户)所经过的各个中间商联结起来的整个通道,包括生产者、商人中间商、代理中间商、最终消费者或用户。

生产企业使用分销渠道,是因为在市场经济条件下,生产者和消费者之间存在空间分离、时间分离、所有权分离等方面的障碍。因此,分销渠道的主要功能是在商流、物流、资金流、风险承担、服务等方面帮助生产企业促进商品流通,即分销渠道是联结生产者和消费者的桥梁和纽带。

二、分销渠道的分类

(一)直接渠道与间接渠道

按商品在流通过程中的流通环节的多少,分销渠道可以划分为直接渠道和间接渠道。

1. 直接渠道

直接渠道也称零层渠道。是指没有中间商参与,商品由生产商直接销售给消费者和用户的渠道类型,如上门推销、电视直销和网络直销等。

优点,生产者直接向消费者销售产品,可以降低中间环节的流通费用并让利给消费者,也有利于生产者准确把握消费者需求,提高顾客服务水平和顾客满意度。

不足,生产商在销售、物流配送、售后服务上的各种投入大,缺乏实力的生产商难以将销售网络全面覆盖。

2. 间接渠道

间接渠道是指产品经由一个或多个商业环节销售给消费者的渠道类型。

优点,中间商着重扩大流通范围和产品销售,制造商可以集中精力于生产,社会分工有利于提高各自效率。可以利用中间商的各种资源,如资金、人员、仓储配送、社会关系等,减轻生产商在市场开拓投资方面的压力。中间商的市场覆盖面广。

不足,渠道成本压力大。各级分销商都需要获取利润,层次越多对生产商利润的蚕食越厉害,或者导致终端零售价格增高,削弱产品竞争优势。产品库存压力增加,各级分销商都需要保有一定的库存,层次越多,库存量越大。通常分销商库存都由厂商承担,也将导致厂商产品周转不灵,资金占用增大,在增加成本的同时也加大风险。生产商远离客户和市场,无法及时把握客户需求和市场变化,供应链牛鞭效应对营销策划、新品开发都非常不利。

(二)长渠道与短渠道

按商品在流通过程中经过的渠道级数的多少,分销渠道可以划分为长渠道和短渠道。所谓渠道级数,是用来表示渠道长度的一个概念,它是指生产者和消费者之间销售中间机构的多少。

1. 长渠道

长渠道指产品分销过程中经过两个或两个以上的中间环节。

2. 短渠道

短渠道是指企业仅采用一个中间环节或直接销售产品。

长渠道和短渠道具体包括以下四层:

(1)零级渠道,即由制造商—消费者。

(2)一级渠道,即由制造商—零售商—消费者。

(3)二级渠道,即由制造商—批发商—零售商—消费者,多见于消费品分销。或者制造商—代理商—零售商—消费者,多见于消费品分销。

(4)三级渠道,即制造商—代理商—批发商—零售商—消费者。

因此,没有经过中间环节或只经过了一个中间环节是短渠道;否则是长渠道。

(三)宽渠道与窄渠道

按渠道的每个环节中使用同类型中间商数目的多少分为宽渠道和窄渠道。

1. 宽渠道

企业使用的同类中间商多,产品在市场上的分销面广,称为宽渠道。

2. 窄渠道

企业使用的同类中间商少,分销渠道窄,称为窄渠道。

采用宽渠道还是窄渠道与企业的分销策略密切相关。分销策略通常可以分为三种:密集分销、选择分销、独家分销。

(1)密集分销是一种最宽的分销渠道。当消费者要求能随时随地方便地购买时,则实行密集性分销。密集分销一般适用于便利品,如香烟、洗衣店、小吃和口香糖之类。分销渠道越密集,销售的潜力也就越大。

(2)选择分销渠道是指在市场上选择少数符合本企业要求的中间商经营本企业的产品。它是一种介于宽与窄之间的销售渠道。一般适用于消费品中的选购品和特殊品,以及专业性强、用户比较固定、对售后服务有一定要求的工业产品。

(3)独家分销渠道是指在特定的市场区域选择一家中间商经销其产品。这种渠道有利于维持市场、价格的稳定性。对于技术性强、使用复杂而独特、需要一系列的售后服务和特殊的措施相配套的产品,比较适合独家分销。

三、中间商

分销渠道的成员包括生产商、中间商、消费者和分销辅助商。中间商是介于生产者和消费者之间的经营者,是分销渠道的主要成员。

按服务对象分,中间商可以分为批发商和零售商。按照中间商是否拥有商品所有权可将其分为经销商和代理商。

(一)批发商

批发商是以中间性消费用户(商业、生产经营机构和其他组织)为销售对象的中间商类型。它大致有三种类型:

(1)商人批发商。又称独立批发商,其经营特点是独立进货,取得所有权,批购批销。

(2)代理批发商。一种在购销之间充当代理,促成交易业务、赚取佣金的批发商。包括经纪人、销售代理商、采购代理商、进出口代理商、拍卖行等。

(3)制造商设立的批发部门。包括办事处、销售部、销售公司等。

(二)零售商

零售商是指将商品或服务直接销售给最终消费者用于非商业性消费的各种活动。我们把以零售为主营业务的机构或个人,称之为零售商。零售商具有多种类型。以其经营或销售方式分,零售商有下列三大类:

(1)商店零售商。包括百货商店(如街道上经常看到的某某百货)、专业商店(如耐克专卖店)、超级市场(如沃尔玛超市)、便利商店、折扣商店(如王府井上品折扣店)、仓储式超市(如麦德龙)等。

(2)无店铺零售。包括电话电视网络直售、上门推销、自动售货(如自动售货机、自动柜员机、自动服务机等)等。

(3)零售组织。包括自愿连锁店、零售商合作社、特许专卖店、消费者合作社、销售联合大企业等。

第二节 分销渠道的管理

一、影响分销渠道设计的因素

影响分销渠道设计的因素主要有市场因素、产品因素、企业自身因素、中间商因素、消费者因素和环境因素。

(一)市场因素

1. 市场范围

市场范围大的产品:需用中间商,即长渠道(日用百货)。

市场范围小的产品:生产者→用户(工业专用设备)。

2. 地理位置

市场较集中的产品宜采取直接渠道(生产资料),一般地区可采用传统渠道。

(二) 产品因素

1. 体积和重量

体积大而笨重的产品选择短渠道,以节省运输、保管方面的人力、物力。

2. 性质和品种规格

日用消费品:需要面广,经批发商分配。

特殊品:销售频率不如日用品,交给少数中间商销售。

品种规格少而产量大的商品:交给中间商销售。

品种规格复杂的商品:生产者直接供应用户。

3. 式样

时尚程度高的商品(时装、玩具)尽可能缩短渠道。

4. 易毁性和易腐性

有效期短或易腐、易碎,应采取短渠道。

5. 技术性与售后服务

技术性强或需售后服务的商品应由生产者直接供应用户或极少数零售商供应。

6. 单位价值

越低:销售渠道越长,如大众化日用消费品。

越高:销售渠道越短,如价格昂贵的耐用品。

7. 定制品

有特殊规格和式样要求,生产者直接供应用户。

8. 标准品

有统一质量、规格和式样,需要中间商。

9. 新产品

应采取强有力的推销手段:①利用原有的渠道。②自己组织推销队伍直接向消费者销售。③委托代理商代销。

(三) 企业自身因素

财力雄厚、渠道管理能力和经验丰富的、控制渠道愿望强的企业选择短渠道;

财力不够、管理能力较低、管理愿望不强烈的企业只能依赖中间商,选择长而宽的渠道。

(四)中间商因素

中间商因素包括合作的可能性、合作费用、中间商服务水平等。如果中间商不愿意合作,只能选择短、窄的渠道。利用中间商分销的费用很高,只能采用短、窄的渠道。中间商提供的服务优质,企业采用长、宽渠道,反之,只有选择短、窄渠道。

(五)消费者因素

分布广泛,要求就近购买和随时挑选则用长渠道。高技术产品用户则用短渠道。比如,IBM 公司在 20 世纪 80 年代依靠它的推销人员将它的 PC 个人电脑卖给商业用户。因为那个时代 PC 机很贵,普通消费者没有购买能力。后来,随着计算机成本的下降,伴随着销售价格的迅速下降,出现了大量的代理商、批发商和零售商以满足普通家庭的需求。

(六)环境因素

经济萧条、衰退时,企业往往采用短渠道。经济形势好,可以考虑长渠道。

二、分销渠道的设计

分销渠道设计应遵循低成本、高效率、易管理、易复制几个原则。一般按照如图 10-1 所示的几个步骤进行设计。

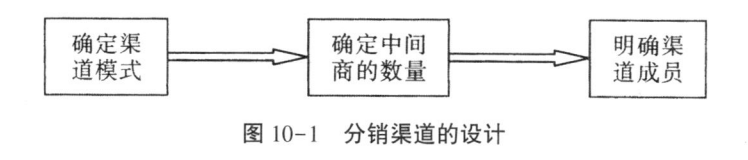

确定渠道模式 → 确定中间商的数量 → 明确渠道成员

图 10-1 分销渠道的设计

第一步:确定渠道模式。分销渠道设计首先在综合分析了市场因素、产品因素、企业因素、中间商因素和环境因素的基础上,决定采取什么类型的分销渠道,是长渠道还是短渠道,宽渠道还是窄渠道。

第二步:确定中间商的数量。有三种可供选择的形式,如密集性分销、独家分销、选择性分销。

第三步:明确渠道成员彼此的权力和责任。在确定了渠道的长度和宽度之后,企业还要规定出与中间商彼此之间的权力和责任。如对不同地区、不同类型的中间商和不同的购买量给予不同的价格折扣,提供质量保证和退货保证,以促使中间商积极进货。还要规定交货和结算条件,以及规定彼此为对方提供哪些支持服务,如技术、广告、人员培训等。一般通过供应契约的形式约定以上内容。

三、分销渠道管理

渠道在营销组合中的地位:产品是营销的基础,价格是营销的核心,渠道是营销的关键,促销是营销的手段。

渠道管理是指生产商为实现分销目标而对现有渠道进行管理,以确保渠道成员间、公司和渠道成员间相互协调和通力合作的一切活动。

分销渠道管理包括流程管理、渠道成员管理、关系管理等内容。

(一) 分销渠道管理的重要性

(1) 只有通过分销渠道,企业产品(或服务)才能进入消费领域,实现其价值。

(2) 充分发挥渠道成员,特别是中间商的功能,是提高企业经济效益的重要手段。

(3) 良好的渠道管理可降低市场费用,既为消费者(用户)提供合理价格的产品(服务),也为企业提高经济效益创造了空间。

(4) 渠道是企业的无形资产,良好的渠道网络可形成企业的竞争优势。

(二) 流程管理

渠道的流程是指渠道成员们顺序地执行的一系列职能,正是这一系列的流程将渠道中所有的组织成员联系在了一起。最基本的有六项流程:所有权流程,谈判流程,产品流程,产品实体流程,资金流程,信息和促销流程。

(三) 渠道成员管理

1. 选择渠道成员

选择中间商时需要评估中间商的优劣。评估因素包括中间商经营时间的长短、资金实力、合作意愿、社会关系及其声誉。

2. 培训渠道成员

生产商应对中间商进行培训,才能确保渠道成员帮助公司完成既定目标。

3. 激励渠道成员

中间商需要激励以尽其职,使他们加入渠道的因素和条件已构成部分的激励因素,但尚需生产者不断地督导与鼓励。

4.评估渠道成员

生产商必须定期评估中间商的绩效是否已达到标准。如果中间商绩效低于标准,则应考虑造成的原因及补救的方法。

(四)关系管理

渠道成员依层次分为垂直关系、水平关系和交叉关系。在这些关系上,渠道成员有着合作、冲突和竞争三种不同的关系状态。渠道管理的核心目标是在渠道成员之间形成互惠互利、利益共享、风险共担的关系。

四、窜货现象及其治理

窜货又称倒货或冲货,是指经销商置经销协议和生产商长期利益于不顾,进行产品跨地区降价销售。窜货出现的根本原因,在于营销人员的利益驱使。

(一)窜货原因

(1)某些地区市场供应饱和。

(2)广告拉力过大,渠道建设没有跟上。

(3)企业在资金、人力等方面的不足,造成不同区域之间渠道发展不平衡等。

(4)企业给予渠道的优惠政策各不相同,分销商利用地区之间差价窜货。

(5)由于运输成本不同引起窜货。

(二)窜货的危害

(1)扰乱市场价格体系。

(2)经销商对产品品牌失去信心。

(3)混乱的价格会吞噬消费者对品牌的信心。

(4)导致价格混乱和渠道受阻,严重威胁品牌资产和企业的正常经营。

(三)窜货治理

许多海外著名的公司,已经在窜货控制方面为我们提供了可供借鉴的经验。这些经验集中到一点,便是经销管理到位、管理方法严谨、经销策略严密周到,特别是在对经销商、对市场的管理方面比较到位。

(1)制订科学的销售计划。从窜货动机来看,不少窜货行为是由于经销商、业务员为完成高不可攀的销售任务而窜货。

（2）合理划分经销区域，同时外包装区域差异化。

（3）制定完善的销售价格体系。有不少窜货行为是由于价格政策不完善引起的，价格政策不仅要考虑出厂价，而且要考虑一批价、二批价、终端价。

（4）制定合理的奖惩措施。①交纳保证金。通过保证金提高经销商的违法成本。②对窜货行为的惩罚进行制度化。企业可选择下列惩罚方式，警告、扣除保证金、取消相应业务优惠政策、罚款、货源减量、停止供货、取消当年返利和取消经销权。③奖励举报窜货的经销商，调动大家防窜货积极性。

（5）建立监督管理体系。可采取定区、定人、定客户、定价格、定占店率、定激励、定监督。

（6）发货车统一备案，统一签发控制货运单。

第十一章　市场营销中的促销策略

第一节　营销中的促销与促销组合

一、促销的含义

促销是促进产品销售的简称,指企业通过人员和非人员的方式,沟通企业与消费者之间的信息,引发、刺激消费者的消费欲望和兴趣,使其产生购买行为的活动。促销具有以下几层含义。

(一)促销的实质是沟通信息

一方面,企业作为商品的供应者或卖方,可以通过广告传递有关企业及产品的信息。通过各种营业推广方式加深顾客对产品的了解、注意和兴趣,进而促使其购买。通过各种公共关系手段改善企业及产品在公众心目中的形象,还可以派推销员面对面地说服顾客购买产品。也就是说,企业可采取多种方式来加强与顾客之间的信息沟通。另一方面,在促销过程中,作为买方的消费者,又把对企业及产品或服务的认识和需求动向反馈给企业,促使企业根据市场需求进行生产。由此可见,促销的信息沟通不是单向式沟通,而是一种由卖方到买方和由买方到卖方的不断循环的双向式沟通。

(二)促销的目的是引发、刺激消费者产生购买行为

在消费者可支配收入既定的条件下,消费者是否产生购买行为主要取决于消费者的购买欲望,而消费者购买欲望又与外界的刺激、诱导密不可分。促销正是针对这一特点,通过各种传播方式把产品或劳务等有关信息传递给消费者,以激发其购买欲望,使其产生购买行为。

(三)促销的方式有人员促销和非人员促销

人员促销也称直接促销或人员推销,是企业运用推销人员向消费者推销商品

或服务的一种促销活动。它主要适合于在消费者数量少、比较集中的情况下进行促销。非人员促销又称间接促销或非人员推销，是企业通过一定的媒体或活动传递产品或服务等有关信息，以促使消费者产生购买欲望，发生购买行为的一系列促销方式，包括广告、公关和销售促进等。

二、促销的作用

促销在企业经营中的重要性日益显现，具体来讲有以下几方面。

（一）提供信息，疏通渠道

产品在进入市场前后，企业要通过有效的方式向消费者和中间商及时提供有关产品的信息，以引起他们的注意，激发他们的购买欲望，促使其购买。同时，要及时了解中间商和消费者对产品的意见，迅速解决中间商销售中遇到的问题，从而密切生产者、中间商和消费者之间的关系，畅通销售渠道，加强产品流通。

（二）诱导消费，扩大销售

企业针对消费者和中间商的购买心理来从事促销活动，不但可以诱导需求，使无需求变成有需求，而且可以创造新的欲望和需求。当某种产品的销量下降时，还可以通过适当的促销活动，促使需求得到某种程度的恢复，延长产品生命周期。

（三）突出特点，强化优势

随着市场经济的迅速发展，市场上同类产品之间的竞争日益激烈。消费者对于不同企业所提供的许多同类产品，在产品的实质和形式上难以觉察和区分。在这种情况下，要使消费者在众多的同类产品中将本企业的产品区别出来，就要通过促销活动，宣传和介绍本企业的产品特点，以及能给消费者带来的特殊利益，增强消费者对本企业产品的印象和好感，从而促进购买。

（四）提高声誉，稳定市场

在激烈的市场竞争中，企业的形象和声誉是影响其产品销售稳定性的重要因素。通过促销活动，企业足以塑造自身的市场形象，提高在消费者中的声誉，使消费者对本企业产生好感，形成偏好，实现稳定销售的目的。

三、促销组合及促销策略

(一)促销组合的含义

所谓促销组合也称营销沟通组合,就是企业根据产品的特点和营销目标,把人员促销和非人员促销两大类中的人员推销、广告、营业推广和公共关系等具体形式有机结合起来,综合运用,形成一个整体的促销策略。促销组合的基本原则是促销效率最高而促销费用最低。

现代市场营销学认为,促销的方式包括人员促销和非人员促销两大类。具体分为人员推销、广告宣传、公共关系、营业推广四种方式。

1. 人员推销

人员推销是一种既传统又现代的促销方式。是指企业通过派出销售人员与一个或一个以上可能成为购买者的人交谈,作口头陈述,以推销商品,促进和扩大销售。人员推销由于直接沟通信息,反馈意见及时,可当面促成交易。因此,它的作用不是仅仅出售现有货物,而是要配合企业的整体营销活动发现顾客需求、满足顾客需求,把市场动向和顾客需求反馈回来,并据此调整企业生产经营范围、结构,增强企业竞争能力。

2. 广告宣传

广告宣传是指工商企业通过一定的媒介物,向社会介绍企业的营销形式和产品品种、规格、质量、性能、特点、使用方法以及劳务信息的一种宣传方式。它是商品经济的产物,是随着商品经济的发展而逐渐发展起来的。特别是随着我国经济体制改革的不断深化,市场经济体制的建立,工商企业作为独立的商品生产者和商品经营者,科学地运用广告宣传,对传播信息、引导消费、扩大销售、加速商品流通和提高经济效益都有着十分重要的作用。

3. 公共关系

公共关系是指企业为改善与社会公众的关系,促进公众对企业的认识、理解及支持,达到树立良好组织形象、促进商品销售的目的而进行的一系列公共活动,从而为企业创造一种良好的舆论环境和社会环境。公共关系的核心是交流信息,促进相互了解,宣传企业的经营方针、经营宗旨、经营项目、产品特点和服务内容等。提高企业的知名度和社会声誉,为企业争取一个良好的外部环境,以推动企业不断向前发展。

4. 营业推广

营业推广是指工商企业在比较大的目标市场中,为刺激早期需求而采取的能够迅速产生鼓励作用、促进商品销售的一种措施。营业推广的形式很多,大致可以分为以下三类。

第一类是直接对消费者。如展销、现场表演、赊销、消费信贷、现场服务、有奖销售、赠予纪念品或样品等。

第二类是属于促成交易。如举办展览会、供货会、订货会、物资交流会、购货折扣、延期付款、补贴利息、移库代销等。

第三类是鼓励推销人员。如推销奖金、红利、接力推。

(二) 企业制定促销组合时应考虑的因素

在实际工作中,企业应根据以下几个因素来决定促销组合:

1. 促销目标

促销的总目标是通过向消费者的宣传、诱导和提示,促进消费者产生购买动机,影响消费者的购买行为,实现产品由生产领域向消费领域的转移。不同企业在同一市场,同一企业在不同时期或不同市场环境下所进行的特定促销活动,都有其具体的促销目标。促销目标是制约各种促销形式具体组合的重要因素,促销目标不同,促销组合必然有差异。

例如,迅速增加销售量(扩大市场份额)与树立或强化企业形象(为赢得有效的竞争地位奠定有利基础)是两种不同的促销目标。前者强调近期效益,属于短期目标,促销组合往往更多地选择使用广告和营业推广。后者则较注重长期效益,需要制订一个较长远的促销方案,建立广泛的公共关系和强有力的广告宣传显得特别重要,但后者的广告宣传从手段到内容与前者都要有很大差别。

2. 产品的性质

不同性质的产品,购买要求和使用特点不同,需要采取不同的促销组合。一般按产品的不同性质把产品划分成工业品和消费品两大类。消费品与工业品比较,消费品更多地使用广告,工业品则更多地使用人员推销。无论是工业品还是消费品,营业推广、公共关系这两种形式几乎可以被工商企业随时采用。

3. 产品的市场生命周期

在产品生命周期的不同阶段,所选择的促销手段也应有所不同。如在产品的导入期,扩大产品的知名度是企业的主要任务。在各种促销手段中,应以广告宣传为主,因为广告以其广泛的覆盖面,有可能在短时间形成较好的品牌效应。而一旦产品进入了成长期,单有广告就不够了,营业员和推销人员的积极推销,往往能更深入宣传产品的特点,并能争取那些犹豫不决的购买者,迅速扩大产品的销量。在产品成熟期,为巩固产品的市场地位,积极的公共关系宣传并辅之以一定的营业推广手段,往往能有效地巩固和扩大企业的市场份额,增强企业的竞争优势。而产品到了衰退期,随着企业营销战略重点的转移,对于剩余的产品,一般则采取以营业推广为主的促销手段,以求迅速销售产品,回收资金,以投入新的产品的生产。

4. 市场状况

一般来说,目标市场的消费者比较集中,规模较小,应以人员推销为主,但向较分散的大规模的目标市场如全国市场或国际市场进行促销时,则多偏重于广告等非人员促销。

5. 企业状况

企业的规模与资金状况不同,应该运用不同的促销组合。一般情况下,小型企业资金力量弱,支付大量的广告费用比较困难,这样就应该以人员推销为主。大型企业有规模效应,产品数量多,资金雄厚,有能力使用大量的广告给消费者施加影响,所以就应该以广告促销为主,人员推销为辅。

(三)促销的基本策略

从运作的方向来区分,所有的促销策略可以归结为两种基本类型,推式策略和拉式策略。

推式策略是指企业运用人员推销的方式,将产品推向市场,即从生产企业推向中间商,再由中间商推给消费者,故称人员推销策略。推式策略一般适合于单位价值较高、性能复杂、需要做示范的产品,根据用户需求特点设计的产品,流通环节较少、流通渠道较短的产品,市场比较集中的产品等。推式策略中企业主要面向的推销对象是批发商或零售商,主要采取人员推销和利益诱导的营业推广方式。

拉式策略是指企业运用非人员推销方式将消费者拉过来,使其对本企业的产品产生需求,以扩大销售,也称非人员推销策略。拉式策略一般适合于价值较低的消费品,流通环节较多、流通渠道较长的产品,市场范围较广、市场需求较大的产品。拉式策略中企业主要面向的推销对象是消费者,主要采取大量的广告方式。

第二节 人员推销的管理

一、人员推销的概念和特点

所谓人员推销,就是指企业派出或委托推销人员,亲自上门向目标顾客介绍和推销产品的方法。人员推销的核心问题是说服,即说服目标顾客,使其接受其推销的产品或服务。人员推销有三个基本要素:推销人员、推销品、推销对象。

人员推销既是一种古老的促销手段,同时也是现代市场营销的一种重要促销方法,它与其他促销手段相比,人员推销主要具有以下特点。

(一)方式灵活

推销人员与顾客面对面交谈,能随时观察顾客的反应,及时调整对策,通过自己的言辞、声音、形象、动作或样品、图片等,当场解答用户的问题和提供多种服务,达到说服成交的目的。

(二)针对性强

采用广告等非人员促销方式,面对的是范围较广泛的公众,他们可能是该产品的潜在顾客,同时也有可能不是。人员推销多数是个别进行,作业之前往往要调查研究,选择和了解潜在顾客,利于有的放矢,减少浪费,提高绩效。

(三)及时成交

人员推销的直接性,大大缩短了从促销到采取购买行动的时间间隔。采用非人员促销手段,顾客即使收到信息,也有一个思考、比较、认定以及到店购买的过程,时间久了还可能放弃购买。面对面的人员推销,能够尽快消除顾客疑虑,定夺购买。

(四)发展关系

在推销人员与顾客反复交往的过程中,买卖双方往往会培养出亲切友好的关系。一方面,推销人员帮助顾客选择称心如意的产品,解决使用过程中的种种问题,会使顾客对推销人员、产品和企业产生亲切感、信任感;另一方面,顾客对推销人员的良好行为予以肯定和信任,会积极地宣传企业的产品,帮助拓展业务。

（五）反馈信息

人员推销是一种双向信息交流过程，推销人员在与顾客交往中，能够收集到所需的各种市场信息，并将推销过程中所了解的有关信息及时传递给企业，以利于企业改进产品和市场营销战略、战术。

人员推销也有一些不足之处。例如，在市场广阔、顾客分散时，建立庞大的推销队伍等会导致推销成本上升。推销人员的管理较难，理想的推销人也很难觅得。

二、人员推销的步骤

按照程序化推销理论，人员推销分为七个步骤。

（一）识别潜在顾客

推销工作的第一步就是找出潜在顾客。如通过现有满意顾客的介绍，或查阅工商企业名录、电话号码等发掘潜在顾客。

（二）事前准备

在出去推销之前，推销员必须具备三类知识：①产品知识——关于本企业、本产品的特点及用途等。②顾客知识——包括潜在顾客的个人情况或所在企业情况等。③竞争者知识——竞争对手的产品特点、竞争能力和竞争地位等。

（三）接近

接近是指与潜在顾客开始进行面对面的交谈。此时推销人员的头脑里要有三个目标：①给对方一个好印象。②验证在准备阶段所得到的全部情况。③为后面的谈话做好准备。同时，要选择最佳的接近方式和访问时间。

（四）介绍

介绍阶段是推销过程的中心。对有形产品可通过影响顾客的多种感官进行介绍，其中顾客的视觉效果是最重要的，因为人在所接受的全部印象中，通过视觉得到的信息占最大比重。对无形产品（如保险等服务）可以用一些图表、小册子加以说明。要注意的是在介绍产品时必须着重说明该产品能给顾客带来什么好处。

（五）应付异议

推销人员应随时准备应付不同意见。一个有经验的推销人员应当具有与持有不同意见的顾客洽谈的技巧，随时有准备对付反对意见的适当措辞和论据。

(六)成交

成交即推销人员接受对方订货购买的阶段。多数推销人员认为,接近和成交是推销过程中两个最困难的步骤。在洽谈过程中,推销人员要随时给对方以成交的机会,对有些顾客不需要全面介绍,在介绍过程中一旦发现对方有愿意购买的表示,推销人员还可以提供一些优惠条件,促成交易。

(七)事后跟踪

事后跟踪是推销人员确保顾客满意并反复购买的重要一环。推销人员应认真执行订单中所保证的条款,如交货期和安装、维修等。跟踪访问的直接目的在于了解买主是否对选择感到满意,发掘可能产生的各种问题,表示推销员的诚意和关心,以促使顾客做出对企业有利的购后行为。

三、人员推销的方法

人员推销的方法较多,主要有直接推销法、应用推销法、关系推销法、连锁推销法、优惠推销法等。

(一)直接推销法

直接推销法是企业营销人员直接对不确定的销售对象所进行的一种推销方法。这种推销方法比较简单,多为新营销人员所使用;一些老营销人员到新市场去推销产品,有时也使用。使用这种推销方法,又可采用两种形式,一是营销人员选择某一地区,挨家挨户进行访问推销。二是营销人员对完全不熟悉的对象,进行询问式或叫喊式的随意推销。

(二)应用推销法

应用推销法是企业营销人员采用现场表演、现场试用、现场操作等手法向人们推销产品的一种方法。这种销售方法虽较古老,但能收到很好的效果。

(三)关系推销法

关系推销法是企业营销人员利用各种人际关系,通过曲线手法向人们推销产品的一种方法。每一个人都有一定的人际关系,推销人员在工作中也可通过人际介绍,从而获得较多的推销对象。

(四)连锁推销法

连锁推销法是利用营销人员建立起来的基本客户介绍新用户的推销方法,也称滚雪球式推销。营销人员在使用这种方法时,应注意两个问题:一个是与基本客户要建立起十分信赖的关系。为此,平时营销人员除要同这些客户保持经常的业务往来外,还要进行适当的感情投资。二是请基本客户连锁介绍新客户时,要相机行事,不能操之过急,更不能强人所难。

(五)优惠推销法

优惠推销法是企业营销人员在向用户推销产品时,采用适当的优惠手法,促使产品成交的推销方法。例如,可根据用户购买数量的多少,采用一定的折扣优惠;可根据用户的爱好,采用一定的馈赠优惠。可根据国内外的民族习惯,采用一定的节日优惠等。优惠推销法是利用消费者的实惠心理、求廉心理、喜庆心理,以取得消费者欢心的有效的推销方法。

四、推销人员的管理过程

(一)推销人员的素质

人员推销是一个综合的复杂过程。它既是信息沟通过程,也是商品交换过程,又是技术服务过程。推销人员的素质决定了人员推销活动的成败。推销人员一般应具备以下素质:

1. 态度热忱,勇于进取

即服务精神好。了解顾客的需要,解决顾客的困难,当好顾客的顾问,创造推销的机会。

2. 求知欲强,知识广博

广博的知识是推销人员做好推销工作的前提条件。应具备以下知识:

(1)企业知识:历史和现状、地位、规划、利润目标、产品及定价策略。

(2)产品知识:产品性能、用途、用法、维修及管理程序。

(3)用户知识:购买动机、习惯、时间、地点、方式。

(4)市场知识:现实用户和潜在用户数量、需求量及趋势、市场竞争情况。

3. 文明礼貌,善于表达

推销人员推销产品的同时也是在推销自己。这就要求推销人员要注意推销礼仪,讲究文明礼貌,仪表端庄,热情待人,举止适度,谦恭有礼,谈吐文雅,口齿伶俐;在说明主题的前提下,语言要诙谐、幽默,给顾客留下良好的印象,为推销获得成功

4.富于应变,技巧娴熟

尽可能解答顾客的疑难问题,善于说服顾客。善于选择时机,掌握良好的成交机会,并善于把握易被他人忽视或不易发现的推销机会。

(二)推销人员的甄选与培训

由于推销人员素质高低直接关系到企业促销活动的成功与失败,所以推销人员的甄选与培训十分重要。

1.推销人员的甄选

甄选推销人员,不仅要对未从事过推销工作的人员进行甄选,使其中品德端正、作风正派、工作责任心强、能胜任推销工作的人走入推销人员的行列,还要对在岗的推销人员进行甄选,淘汰那些不适合推销工作的推销人员。

企业甄选推销人员的途径有两种:一是从企业内部选拔,即把本企业内部德才兼备、热爱并适合做推销工作的人选拔到推销部门工作。二是从企业外部招聘,从高等院校的应届毕业生、其他企业或单位等群体中物色合格人选。无论哪种选拔途径,都应经过严格的考核,择优录用。

2.推销人员的培训

对甄选合格的推销人员,还需经过培训才能上岗,使他们学习和掌握有关知识与技能。同时,还要对在岗推销人员每隔一段时间进行培训,使其了解企业的新产品、新的经营计划和新的市场营销策略,进一步提高其素质。

推销人员培训的内容通常包括企业知识、产品知识、市场知识、心理学知识和政策法规等内容。

培训推销人员的方法很多,常采用的方法有以下三种:

一是讲授培训。这是一种课堂教学培训方法。一般是通过举办短期培训班或进修等形式,由专家、教授和有丰富推销经验的优秀推销员来讲授基础理论和专业知识,介绍推销方法和技巧。

二是模拟培训。它是受训人员亲自参与的、有一定实战感的培训方法,具体做法有实例研究法、角色扮演法和业务模拟法等。比如,由受训人员扮演推销人员向由专家教授或有经验的优秀推销员扮演的顾客进行推销。或由受训人员分析推销实例等。

三是实践培训。实际上,这是一种岗位练兵。让甄选的推销人员直接上岗,与有经验的推销人员建立师徒关系,通过传、帮、带使受训者较快地熟悉业务,成为合格的推销人员。

(三)推销人员的考核与评价

为了对推销人员进行有效的管理,企业必须对推销人员的工作业绩建立科学而合理的考核与评估制度.并以此作为分配报酬的依据和企业人事决策的重要参考指标。

1. 考评资料的收集

收集推销人员的资料是考评推销人员的基础性工作。全面、准确地收集考评所需资料是做好考评工作的客观要求。考评资料的获得主要有四个途径:

(1)销售工作报告。销售工作报告一般包括销售计划和销售绩效报告两个部分。销售计划报告作为推销人员合理安排推销活动日程的指导,可展示推销人员的地区年度推销计划和日常工作计划的科学性、合理性。销售绩效报告反映了推销人员的工作实绩,从中可以了解销售情况、费用开支情况、业务流失情况、新业务拓展情况等许多推销绩效。

(2)企业销售记录。因企业的销售记录包括顾客记录、区域销售记录、销售费用支出的时间和数额等信息,从而使其成为考评推销业绩的重要基础性资料。通过对这些资料进行加工、计算和分析,可以得出适宜的评价指标。如某一推销人员一定时期内所接订单的毛利等。

(3)顾客及社会公众的评价。推销人员面向顾客和社会公众开展推销活动,决定了顾客和社会公众是鉴别推销人员服务质量最好的见证人。因此,评估推销人员理应听取顾客及社会公众的意见。通过对顾客投诉和定期顾客调查结果的分析,可以透视出不同的推销人员在完成推销产品这一工作任务的同时,其言行对企业整体形象的影响。

(4)企业内部员工的意见。企业内部员工的意见主要是指销售经理、营销经理和其他非销售部门有关人员的意见。此外,销售人员之间的意见也可作为考评时的参考。依据这些资料可以了解有关推销人员的合作态度和领导才干等方面的信息。

2. 考评标准的建立

在评估推销人员的绩效时,科学而合理的标准是不可缺少的。绩效考评标准的确定,既要遵循与基本标准的一致性,又要坚持推销人员在工作环境、区域市场拓展潜力等方面的差异性,不能一概而论。当然,绩效考核的总标准应与销售增长、利润增加和企业发展目标相一致。

制定公平而富有激励作用的绩效考评标准,客观需要企业管理人员根据过去的经验,结合推销人员的个人行为来综合制定,并需要在实践中不断加以修订与完善。

3. 考评的方法

(1)横向比较法。横向比较法是将各推销人员之间的工作业绩进行比较。这种比较必须建立在各区域市场的销售潜力、工作量、竞争环境、企业促销组合等方面大致相同的基础上。应注意的是,销售量不是衡量推销人员工作业绩的唯一标准,还要对能反映推销人员工作绩效的其他指标进行衡量,如顾客的满意度、成本的耗费、产品的销售结构、资金的周转速度等。

(2)纵向比较法。纵向比较法是将同一个推销人员现在的业绩和以前的业绩进行比较,包括销售额、毛利率、销售费用、顾客变更情况等。这种考评方式可以衡量推销人员工作的改善情况,以把握推销人员的业务能力和思想动态的变化情况。

4. 推销人员的奖励

对推销人员的奖励,实际上是推销人员通过在促销活动中从事推销工作而获得的利益回报。一般包括工资、津贴、福利、保险、佣金和分红奖金等。可以说,公平合理的奖励既是对推销人员辛勤劳动的补偿,也是激励推销人员努力工作实现销售目标的最有效工具之一。奖励推销人员既有利于激励推销人员积极努力,保证企业销售目标的顺利实现,有利于建设高素质的销售团队。

奖励推销人员的方式主要有单纯薪金制、单纯佣金制和混合奖励制三种。

(1)单纯薪金制。单纯薪金制亦称固定薪金制,是指在一定时间内,无论推销人员的销售业绩是多少,推销人员获得固定数额报酬的形式。具体来说就是职务工资+岗位工资+工龄工资。

(2)单纯佣金制。单纯佣金制是指与一定期间的销售业绩直接相关的报酬形式,即按销售基准的一定比率获得佣金。单纯佣金制的具体形式又有单一佣金和多重佣金、直接佣金和预提佣金之分。

(3)混合奖励制。混合奖励制兼顾激励性和安全性的特点。当然,混合奖励制有效的关键在于薪金、佣金和分红的比率。一般来说,混合奖励中的薪金部分应大到足以吸引有潜力的推销人员。同时,佣金和分红部分足以大到刺激他们努力工作。

除了上述三种奖励形式以外,还有特别奖励。就是在正常奖励之外所给予的额外奖励,包括经济奖励和非经济奖励。非经济奖励包括给予荣誉、表扬记功、颁发奖章等。特别奖励的具体形式有业绩特别奖、销售竞赛奖等。

第三节　营销中心的广告策略

商品如果不做广告,就好像一个少女在黑暗中向你暗送秋波。西方流行的这句名言充分表现了广告在营销中的独特地位。

一、广告的定义、作用与原则

广告(advertising)一词源于拉丁语(adventure),有注意、诱导、大喊大叫和广而告之之意。市场营销学中的广告是指企业或个人通过支付费用的形式,借助一定的媒体,把产品的有关信息传递给目标顾客,以达到增加信任和扩大销售的目的。其基本要点包括:①有明确的广告主,必须由特定的企业或个人进行;②必须支付一定的费用。③必须通过一定的传播媒体。④具有明确的针对性和目的性。广告的最大优点是能在同一时间内向广大目标顾客传递信息,因而是一种强有力的促销手段。

(一)广告的作用

广告是商品经济的必然产物。现代的广告,是在综合运用经济学、社会学、心理学、伦理学和行为科学等理论知识的基础上形成的。广告有文字、图像、实物展示、操作示范等多种形式。

随着市场经济的发展,广告在促进生产、扩大流通、指导消费、活跃经济、方便人民生活方面起着越来越大的作用。

1. 传递信息,沟通供需

广告的基本职能是把商品信息通过广告媒介传递给可能的买主,使其认识和了解商品的商标、性能、用途、生产厂家、购买地点、购买方法、价格等内容,起到沟通供需的作用。

2. 激发需求,扩大销售

广告运用艺术手段,有针对性地向顾客介绍产品,诱导消费者的兴趣和情感,激发起消费者的购买欲望,可促成其购买行为的实现,起到扩大流通和促进销售的作用。

3. 介绍知识,指导消费

广告通过简明扼要、形象有趣和富有哲理的语言及图像,向消费者介绍产品的基本知识,使其了解产品的性能和结构,掌握产品的使用方法和保养方法,起到售前服务的作用。

4. 扩大企业影响,增强竞争能力

通过广告宣传和诱导,企业不仅表明了扩大销售的目的,而且影响着用户对厂家和产品的态度。为企业开拓市场、占领市场,创造了有利条件。比如,可口可乐,每年的巨额广告费平均分摊到每一个顾客身上只有0.3美分,但如果用人员推销成本则需60美元。据统计,在发达国家,投入1元广告费,可收回20~30元的收益。

(二)广告促销的原则

在企业市场营销活动过程中,广告既然具有如此重要的作用,那么我们必须注意充分发挥,而且进行广告活动时必须注意遵守广告促销原则,包括真实性、合法性、艺术性、效益性。

二、广告的类型

广告的形式多种多样,根据不同的标准分为不同的类型。

1. 按广告的覆盖面分类

广告的覆盖面与所采用的广告媒体有关,一般可分为全国性广告、地方性广告和地区性广告。

全国性广告是指在全国性的报纸、杂志、电台、电视上所做的广告,目的在于将产品或劳务推向全国各地。

地方性广告一般是配合差异性营销策略使用,宣传对象多为地方性产品,销量有限,而且选择性强。

地区性广告,是在地区性广告媒体上所做的广告,传播面更小,这类广告多是为配合集中性营销策略而使用的。

2. 按广告的目的和内容分类

(1)开拓性广告。主要是介绍产品的用途、性能和使用方法,以及企业的有关情况和所能提供的服务。在产品的试销期,这类广告的作用最显著,所以又称开拓性广告。

(2)说服性广告。主要是通过产品间的比较,突出本企业产品的特点,强调给消费者带来的利益,加强消费者对产品品牌和厂家的印象,从而说服消费者购买本企业的产品,因而又称竞争性广告。

(3)提示性广告。旨在提醒消费者注意企业的产品,加深印象,刺激其重复购买。主要适用于产品的成熟期。

3. 按广告媒体分类

任何广告都要借助一定的媒体。广告媒体多种多样,除电视、广播、报纸、杂志外,还有路牌广告、招贴广告、交通广告、灯光广告、邮寄广告等。

三、广告媒体的选择

所谓广告媒体,就是指在企业与广告宣传对象之间起连接作用的媒介物。如印刷媒体、电子媒体、户外流动媒体、户外媒体、展示媒体、邮寄媒体、网络媒体、其他媒体等。

不同的媒体具有不同的特点、适用范围和效果。随着科学技术和广告业务的发展,可供选择的广告媒体越来越多,要取得满意的广告效果,实现促销的目的,企业应根据广告目标的要求,正确、合理地选择广告媒体。

(一)广告媒体的种类及其特性

广告媒体的种类很多,不同类型的媒体有不同的特性。目前比较常用的广告媒体有以下几种:

表 11-1 各类媒体及特性

广告媒体	优点	缺点
报纸	灵活、及时、广泛、可信	不易保存、表现力不高
杂志	针对性强、保存期长	传播有限、不及时
广播	速度快、传播广、成本低	只有声音、不易保存
电视	感染力强、触及面广	针对性不足、成本较高
互联网	信息量大、交互沟通、成本较低	浏览者对广告心存抵触
直接邮寄	选择性强	可能造成滥寄、成本高

续　表

广告媒体	优点	缺点
户外广告	展露时间长、反复宣传	缺乏创新
黄页	本地覆盖面大、成本低	高竞争、创意有限
新闻信	选择性强、交互机会多	成本不易控制
广告册	灵活、全彩色	成本不易控制
电话	触及面广	用户可能不接受

(二) 广告媒体的选择

不同的广告媒体有不同的特性。这决定了企业从事广告活动必须对广告媒体进行正确地选择，否则将影响广告效果。正确地选择广告媒体，一般要考虑以下影响因素。

1. 产品的性质

不同性质的产品有不同的使用价值、使用范围和宣传要求。生产资料和生活资料、高技术产品和一般生活用品、价值较低的产品和高档产品、一次性使用的产品和耐用品等都应采用不同的广告媒体。通常，对高技术产品进行广告宣传，应面向专业人员，多选用专业性杂志；而对一般生活用品进行广告宣传，则适合选用能直接传播到大众的广告媒体，如广播、电视等。

2. 消费者接触媒体的习惯

选择广告媒体时，还要考虑目标市场上消费者接触广告媒体的习惯。一般认为，能使广告信息传到目标市场的媒体是最有效的媒体。例如，对老年用品进行广告宣传，宜选报纸作为媒体。对儿童用品进行广告宣传，选用儿童喜欢的电视节目，效果较好。

3. 媒体的传播范围

媒体传播范围的大小直接影响广告信息传播区域的宽窄。适合全国各地使用的产品，应以全国性的报纸、杂志、广播、电视等作为广告媒体。属地方性销售的产品，可通过地方性报刊、电台、电视台、霓虹灯等传播信息。

4. 媒体的影响力

广告媒体的影响力是以报刊的发行量和电视、广播的视听率高低为标志的。

选择广告媒体应把目标市场与媒体影响程度结合起来,能影响到目标市场每一个角落的媒体是最佳选择。这样一来,既能使广告信息传递效果最佳,又不会造成不必要的浪费。

5. 媒体的费用

各广告媒体的收费标准不同,即使同一种媒体,也因传播范围和影响力的大小而有价格差别。考虑媒体费用时,应该注意其相对费用,即考虑广告促销效果。

总之,要根据广告目标的要求,结合各广告媒体的优缺点,综合考虑上述各影响因素,尽可能选择使用效果好、费用低的广告媒体。

四、广告效果测定

广告效果是指广告通过广告媒体传播之后所产生的影响,或者说媒体受众对广告宣传的结果性反应。这种影响可以分为两个方面:①广告的心理效果,即对消费者的心理活动过程产生的影响。②广告的经济效果,即对广告主的经营活动的影响。好的广告作品,应同时具有良好的心理效果和经济效果,所以在对广告的效果进行评估时,应从这两方面出发,加以综合衡量。

(一) 广告心理效果的测定

广告心理效果是最基本的因素,没有心理效果的提高,经济效果的提高是不可能的。在心理效果的测定中,可以将广告效果分为认知效果、态度效果和行为效果,并分别用不同的指标加以衡量。

1. 认知效果的测量

认知效果反映的是广告信息发布之后,公众对广告内容的知晓程度。在测定广告的认知效果时,常用的指标有:公众对广告的注目率、广告的阅读率、广告的收视率、知晓率、记忆率、理解率等。

2. 态度效果的测量

态度效果就是公众看了广告之后,对广告主存在的误解和偏见等负面的消除程度,以及偏爱、肯定、喜欢、接受、信服等正面态度的发展程度和行为倾向的表现程度,常用的测量指标有:美誉度、忠诚度等。

3. 行为效果的测量

广告的行为效果就是公众对广告的排斥性、否定性的减少和减弱,以及对广告合作性、支持性的增强。行为效果的测量过程中,常用的指标有试用情况、购买欲望、索要介绍资料和样品的情况、购买和消费咨询的情况等。

(二)广告经济效果的测定

广告的目的是促销,所以经济效果是衡量广告效果的最主要、最直接的指标。在测量经济效果时,常用的方法有:

1. 广告费用比率法

广告费用比率即广告费用和广告后的销售总额之间的比率,反映的是广告费用支出和销售额之间的对比关系,广告费用比率越小,说明广告的经济效果越好。广告费用比率的计算公式如下:

$$广告费用比率 = 广告费用/广告后销售总额 \times 100\%$$

2. 广告效果比率法

广告效果比率反映的是商品的销售额或利润额的增长率与广告费的增长率之间的比率,这一指标越大,说明广告的经济效果越好。广告效果比率的计算公式如下:

$$广告效果比率 = 销售额增加率/广告费增加率 \times 100\%$$

3. 市场占有率法

市场占有率法即通过测量企业的产品在广告前后市场占有率的变化来分析广告的经济效果,常用产品的市场占有扩大率来反映。市场占有率计算的公式是:

$$市场占有扩大率 = 广告后的市场占有率/广告前的市场占有率 \times 100\%$$

第四节 营业推广

营业推广是与人员推销、广告、公共关系相并列的四种促销方式之一,是构成促销组合的一个重要方面。

一、营业推广的概念与特点

(一)营业推广的概念

营业推广又称销售促进,是指企业在短期内刺激消费者或中间商对某种或几种产品或服务产生大量购买的促销活动。典型的营业推广活动一般用于短期的促销工作。其目的在于解决目前某一具体的问题,采用的手段往往带有强烈的刺激性,因而营业推广活动的短期效果明显。营业推广活动可以帮助企业渡过暂时的困境。

(二)营业推广的特点

1. 非规则性

营业推广大多用于短期和临时的促销工作,是一种非定期和非例行的促销活动。与广告等促销手段相比,它更注重刺激顾客采取直接的购买行为。如果说广告提供了购买的理由,营业推广则提供了购买的刺激。

2. 灵活多样性

常用的营业推广方式有:样品、优惠券、赠品、免费试用、购买折扣、有奖促销、产品展示等多种形式,它们各具特点。企业在开展营销活动时,应根据自己的具体情况灵活选择。

3. 起效快

只要企业恰当地选择营业推广的方式,其效果可以很快在企业的推销工作中显示出来。而广告、公共关系的效果要在较长时间才能显示出来。

4. 易逝性

营业推广在销售中引起的反应虽然比广告等促销手段快,但由于营业推广主要吸引的是追求交易优惠的顾客,因此,它不易产生稳定长期的购买者,且这种做法容易使人感到卖主有急于求售心理。

二、营业推广的种类和具体形式

营业推广的方式多种多样,一个企业不可能全部使用,这就需要企业根据各种方式的特点、促销目标、目标市场的类型及市场环境等因素选择适合本企业的营业推广方式。

(一)针对消费者的营业推广种类

向消费者推广,是为了鼓励老顾客继续购买、使用本企业产品,激发新顾客试用本企业产品。其方法主要有以下几种:

1. 样品派发

免费向顾客发送样品供其试用,是效果最好而成本最高的一种营业推广方式,一般主要用于新产品推广阶段。

2. 送赠品

赠送便宜商品或免费品,使顾客得到实惠,又可刺激顾客的购买行为。馈赠的物品主要是一些能够向消费者传递企业有关信息的精美小物品。

3. 优惠券

给持有人一个证明,证明他在购买某种商品时可以免付一定金额的款。专家认为,优惠率达15%~20%效果较好。

4. 减价优惠

减价优惠是指在特定的时间和特定的范围内调低产品的销售价格,此种方式因最能与竞争者进行价格竞争而深受消费者的青睐。

5. 退款优惠

退款优惠即在消费者购买产品后向其退部分货款。这种方法通常用于汽车等单价较高的商品。

6. 趣味类促销

趣味类促销是指利用人们的好胜、侥幸和追求刺激等心理,举办竞赛、抽奖、游戏等富有趣味性的促销活动,吸引消费者的参与兴趣,推动销售。

7. 以旧换新

以旧换新是指消费者凭使用过的产品,或者使用过的特定产品的证明,在购买特定产品时,可以享受一定低价优惠的促销活动,这类方式一般由生产企业使用。

8. 联合推广

两个或两个以上的企业进行营业推广方面的合作,以扩大各自产品的销售额或知名度。如某饮料厂和某快餐店联合开展光顾快餐店有机会获得免费饮料活动。

(二) 针对中间商的营业推广方式

向中间商推广,是为了促使中间商积极经销本企业产品。同时能有效地协助中间商开展销售,加强与中间商的关系,达到共存共营的目的。其推广方式主要有:

1. 折扣鼓励

折扣鼓励包括现金折扣和数量折扣。现金折扣是指生产企业对及时或提前支付货款的经销商给予一定的货款优惠。数量折扣是指生产企业对大量进货的经销商给予一定额外进货量的优惠。

2. 经销津贴

为促进中间商增购本企业产品,鼓励其对购进产品开展促销活动,生产企业给予中间商一定的津贴。主要包括新产品的津贴、清货津贴、降价津贴等。

3. 宣传补贴

有的生产企业需要借助经销商进行一定的广告宣传,为了促进经销商进行宣传的积极性,经销商可以凭借进行了宣传的有关单据获得厂家一定数额的补贴。

4. 陈列补贴

随着终端竞争的激烈,生产企业为了给产品在终端获得一个较好的销售位置,往往给予中间商一定的陈列补贴,希望经销商维护产品在终端竞争中的位置优势。

5. 销售竞赛

销售竞赛是指生产企业为业绩优秀的中间商进行特殊鼓励。包括货款返还、旅游度假、参观学习等。

6. 展览会

展览会是指企业利用有关机构组织的展览或会议,进行产品和企业的演示。通过这种形式,可以让经销商获知本行业的市场发展和行业发展情况,有利于增加其业务能力和市场信息。

(三)针对销售人员的营业推广形式

1. 销售奖金

销售奖金是为了刺激销售人员的工作积极性,对于能够完成任务的销售人员给予一定的物质奖励。

2. 培训进修

培训进修是为了提高销售人员的业绩,对其进行业务技能和技巧方面的培训。

3. 会议交流

会议交流是定期或不定期召集销售人员对工作经验和工作方法以及工作中的得失开展交流,促进销售人员的共同提高。

4. 旅游度假

旅游度假是企业为了表彰先进,增强企业内部凝聚力,对销售业绩和素质表现良好的销售人员给予国内外旅游度假的奖励。

第五节 公共关系

一、公共关系的含义

公共关系源自英文 public relations,意思是与公众的联系,因而也叫公众关系,简称公关。从市场营销的角度来谈公共关系,只是公共关系的一小部分,即是指企业为了使社会广大公众对本企业商品有好感,在社会上树立企业声誉,选用各种传播手段,向广大公众制造舆论的公开宣传促销活动。

公共关系具有以下几个基本特征:

(1)公共关系本身是指企业与其相关的社会公众之间的联系。个人之间的所谓人际关系不属于公共关系的范畴。

(2)公共关系是一种信息沟通活动。它只能运用信息沟通的手段来协调组织与公众的关系,因而公共关系的活动是有限度的。

(3)公共关系的目的主要是树立和保持企业及企业产品的信誉和形象。企业的各项策略和措施要尽可能符合公众和社会利益,坦诚面对社会公众,并以自身良好的实践行动,作为交流的基础,以求得社会公众的理解和支持。

(4)公共关系是管理职能发展的结果。公共关系活动是企业整体营销活动的重要组成部分。

二、公共关系的作用

公共关系促销,就是将公共关系运用到销售中,从而达到促进产品销售的目的。公共关系在企业市场营销活动中的作用主要体现在以下几个方面。

(一)建立企业信誉,维护企业形象

企业形象就是社会公众和企业职工对企业整体的印象和评价。公共关系的主要任务就是通过采取恰当的措施,建立企业的良好形象。如提供可靠的产品,维持良好的售后服务,保持良好的企业之间关系等。

(二)加强信息沟通,增加产品创意

企业必须有计划地、长期地向企业公众传递企业的信息。为了使传播取得预期的效果,必须讲究传播技巧。通过适当的传播媒介、传播方式,传递适当的信息内容。同时,也要随时监视环境的变化,对外界的信息进行收集和反馈。反馈中,既要报喜,也要报忧,了解消费者对本企业及其产品的意见及消费需求的变化趋势,及时加以改进和调整,从而生产或销售确实能够满足消费者需求的产品,增强市场竞争力。

(三)改变公众误解,传播正确信息

企业被公众误解时,凭借良好的公共关系工作能够帮助企业消除形象危机,渡过难关。

(四)增强内在凝聚力,协调内外关系

良好的公共关系有利于企业人员积极性和创造性的发挥。同时,企业还要与外界公众不断联络和协调,为企业创造良好的外部环境。而良好的公共关系有利于企业取得外界公众的理解与协作,与外界环境平衡发展。

三、公共关系的原则

企业开展公共关系,应遵循以下行为准则:①真实性原则。②平等互利原则。③整体一致原则。④全员公关原则。

四、公共关系促销方式

公共关系促销方式很多,归纳起来,主要有以下几种。

(一)发布新闻

新闻是对最近发生的事情的报道。凡是对社会和公众有重要影响,能引起读者、听众、观众兴趣的事件,都可以构成新闻。如新厂动建或投产、重要合同签订、新产品开发、企业荣誉、厂庆纪念日、领导人来访、社会公益活动的举办等都可以称为新闻的素材。

(二)企业刊物

企业刊物是企业与公众进行沟通的有效媒介之一。这种刊物受企业控制,能够根据企业的公共关系方案,进行经常的、有计划的、有步骤的宣传。它以直接报

道企业的信息为主要内容,针对性强,读者稳定,印刷方便,成本低廉,为大中企业所广泛采用。

(三)记者招待会

新闻舆论界是影响社会舆论的权威性机构,是整理信息、传播信息的专门组织,是企业与公众间信息交流的加速器,是企业公关促销活动的有效支持者。企业与新闻舆论界建立良好关系的一条重要途径,是召开记者招待会。

(四)社会赞助

社会赞助是指企业出资或出力支持某一项社会活动或某一种社会事业。社会赞助富有公益性,有利于企业搞好同社区、政府部门和一般公众的关系。培养社会各界对企业的良好感情,提高企业的知名度和美誉度。社会赞助的种类很多,一般包括体育活动、文化活动、教育事业、福利事业、学术理论活动等。

(五)公关广告

公关广告是一种为树立企业形象,提高企业的知名度和美誉度,求得社会公众对企业的了解,赢得公众支持和帮助、信任与合作的广告。其特点:一是公关广告在宣传内容上应能唤起人们对企业的注意、好感和信赖,树立企业形象。二是公关广告在宣传方式上应取悦公众和争取公众理解。公众性、社会性较浓,商业性较淡。

五、公共关系的工作程序

开展公共关系活动,其基本程序包括调查、计划、实施、检测四个步骤。

1. 公共关系调查

公共关系调查是公共关系工作的一项重要内容,是开展公共关系工作的基础和起点。通过调查,能了解和掌握社会公众对企业决策与行为的意见。可以基本确定企业的形象和地位。

2. 公共关系计划

公共关系是一项长期性工作,合理的计划是公关工作持续高效的重要保证。在制订公关计划时,要以公关调查为前提,依据一定的原则来确定公关工作的目标,并制订科学、合理、可行的工作方案。

3. 公共关系的实施

公关计划的实施是整个公关活动的核心内容。为确保公共关系实施的效果最佳,正确地选择公共关系媒介和确定公共关系的活动方式是十分必要的。企业公关宜根据企业的自身特点、不同发展阶段、不同的公众对象和不同的公关任务来选择最适合、最有效的活动方式。

4. 公共关系的检测

公关计划实施效果的检测,主要依据社会公众的评价来进行。通过检测,能衡量和评估公关活动的效果,发现新问题,为制定和不断调整企业的公关目标、公关策略提供重要依据。

公共关系是促销组合中的一个重要组成部分,公共关系的好坏直接影响着企业在公众心目中的形象,影响企业营销目标的实现。如何利用公共关系促进产品的销售,应该引起企业相关部门的重视。

第十二章　市场营销的创新实践

第一节　整合营销

一、整合营销的内涵、特征及意义

(一) 整合营销的内涵

这是欧美20世纪90年代以消费者为导向的营销思想在传播领域的具体体现。起步于20世纪90年代，倡导者是美国的舒尔兹教授。整合营销又称整合营销传播，是对各种营销手段和营销工具进行系统化结合的一种规则和新型营销模式。它以人群为中心，通过所有能够与目标人群进行传播的手段进行品牌宣传、渠道推广，从而实现产品推广的最大效益化。

整合营销更多情况下是为了推广、维护和宣传品牌，甚至为加强同客户之间的关系而对产品进行策划、实施以及监督的系列性营销工作。

营销组合概念强调将市场营销中各种要素组合起来的重要性，营销组合则与之一脉相承。但更为强调各种要素之间的关联性，要求它们能成为统一的有机体。

(二) 整合营销的特征

1. 以消费者为核心

整合营销以消费者为中心，消费者处于核心地位。整合营销的这一特征决定了在实施决策过程中，能够对消费者进行全方位的深入了解，建立起完善的消费者信息资料库，从而准确把握消费者的消费需求。整合营销的核心工作是以培养消费者价值观为中心，这就确立了以消费者为中心的营销模式。

2. 传播媒介多样化

传播媒介多样化是整合营销的最大亮点，也是最重要的特征之一。在整合营销中,凡是能够将企业产品性质、品牌等相关信息传播给消费者的媒介都会被用到整合营销中,这就极大地加大了传播的力度和广度。

3.传播技术高端化

整合营销在其发展中,紧跟时代发展,随着网络时代的发展,不断地将新技术引用到整合营销中。紧盯时代发展需求,利用现有资源,对各种资源进行有机整合,构建了一套高端化的传播技术手段,推动自身的快速发展。

(三)开展整合营销的重要意义

1.有利于优化资源配置

实施整合营销,能够将消费者需求同企业发展相结合。企业可以利用有限的资源,实现企业目标的最大化。整合营销,可以通过各种渠道,搜集市场信息,对市场资源进行总结分析,能够有效分析消费者需求,对企业生产和发展进行策略指导。对生产出来的产品进行有效宣传,促进产品销售,能够实现整个营销的一体化发展。整合营销包含了企业的整个营销模式,能够为企业制定出合理的营销理念。进而将企业资源进行有机整合,最终实现企业效益的最大化。

2.实现协调统一性

整合营销其自身具有协调统一性。这个特点不仅能够保障企业发展过程中实现内部发展的协调统一,而且有利于实现企业同外部市场之间的统一协调,保障生产出来的产品适合市场需求,满足消费者需要。协调统一也有利于企业内部管理的一体化,能够实现企业系统化管理,实现企业内部资源的整体配置,公司部门之间的有机配合,实现企业同合作人之间的密切配合,有利于形成有力的竞争优势。

3.实现企业规模化经营

整合营销属于一体化的营销模式。因此在发展过程中,对企业的现代化生产和规模化生产比较重视。整合营销能够为企业发展提供规模化和现代化发展战略,保障企业发展具备现代化、科学化的管理理念。而规模化发展理念又为整合营销的发展提供了发展空间。

4.市场经济发展的必然性

随着市场经济的快速发展,单一的营销理念已经很难适应市场发展的需要,难以跟上快速发展的现代化市场经济。整合营销符合市场经济的发展需求,能够将多样化的市场媒介进行有机整合,从而形成独特的营销模式,有利于实现企业资源配置,优化企业内部结构,提高企业竞争力,满足消费者需求。

5.有利于企业走国际化营销发展道路

整合营销适应了市场经济的发展之路。整合营销的发展有利于企业进行优化升级,实现自身有机整合,不仅能够推动企业内部资源的优化配置,而且有利于实现企业部门之间的整合。实现企业近期目标和长远发展的有机整合,从而为企业开展国际化发展提供战略化决策。

二、整合营销观念演进

整合营销传播的专家学者和实践家们都认为,整合营销传播理论在本质上是没有什么新东西的传统大众营销。是为了向无显著差异的消费者,大量分销同质性的消费品。然而,大众取向的传媒和充斥市场的广告,并未能持续圆满地解决销售困难。以满足消费者需求为中心的服务营销,在竞争日益激烈的情况下,逐步取代了以企业生存和发展为中心的产品营销。需求导向的企业以目标市场的需求为出发点,力求比竞争者更加有效地满足消费者的需求和欲望。

企业要通过真正了解消费者喜欢什么,又想要得到什么来战胜竞争对手。如果不知道顾客的需要是什么,就无法满足这些需要,但是了解消费者真正的需要并非易事。企业面临的主要难题是,消费者在做出购买决定时,愈来愈依赖他们自以为重要、真实、正确无误的认识,而不是具体的、理性的思考。

整合营销观念改变了把营销活动作为企业经营管理的一项职能的观点,而是要求所有的活动都协调整合起来,努力为顾客的利益服务。同时强调企业与市场之间互动的关系和影响,努力发现新市场和创造市场。因此,以注重企业、顾客、社会三方面共同利益为中心的整合营销,具有整体性与动态性特征,企业把与消费者之间的交流、对话、沟通放在特别重要的地位,是营销观念的变革与发展。

随着产品的同质化日益增强,消费者的个性化、多样化日益发展,企业营销从以往围绕4P制定营销组合转向4C,强化了以消费者需求为中心的营销组合。

一般而言,过去的营销人员将各种传播形式视作独立的活动和功能,他们孤立地使用一些形式,如企业的广告部、销售部、质量服务部,各自严格执行自己的工作计划。对于这种营销组织而言,整合营销传播意味着将各种不同机构的功能以协调和巩固成一组传送到顾客和潜在顾客的信息,以使顾客和潜在顾客支持企业的这一品牌。因而,整合营销传播的第一个观点就是在公司的品牌旗帜下设法使所有的传播活动相配合。这是整合营销传播第一阶段的基础工作,对于许多企业来讲,这也是他们的基本目标。

譬如:在一个营销传播策略中可以使用相同的口号、标签、说明以及在所有广告和其他形式的营销传播中表现相同的行业特性等。如太阳神口服液,采用统一包装、统一色彩、同一宣传步调等,将广告、促销等各种宣传手段整合,以达到产生最大限度的传播影响。

整合营销传播与我们所处的这个时代密不可分。当今信息技术正以空前速度迅猛发展,计算机的普及、互联网的应用以及信息高速路兴建,正迅速转化为生产力。从而消费者已摆脱了被动消费的状态,成为主动设计者。消费者与制造商之间的界限越来越模糊,所以消费者的作用推动了营销的发展。因此,企业和供应商形成整合营销,而与消费者之间也正向着整合营销发展,于是诞生直销,使消费既是使用者又是销售员,与企业形成密不可分的一体。

三、4P走向4C

整合营销传播发展的现实改变了世界的格局,改变了企业的获利方式。作为社会的细胞、家庭及每个成员也都在改变。人们从传统的家庭价值观压力下解放出来,有更多的生活形态可以选择,家庭组成的变化,不仅意味着基本家庭用具、生活用品需求的增加,并且由于教育程度不断提高,人们更多地通过分析选择真正适合自己的物品。消费者越来越具有消费个性,一方面是产品的同质化日益增强,另一方面是消费者的个性化、多样化日益发展。

第二节 网络营销

一、网络营销的定义和特点

(一)网络营销的定义

网络营销全称是网络直复营销,属于直复营销的一种形式。也被称为网上营销(OLM),是指企业借助计算机网络、电脑通信和数字化交互式媒体的功能进行营销活动的一种全新的营销方式。

典型的网络营销就是企业在网上设计自己的主页,在网上开设虚拟商店。用于陈列、宣传商品,顾客足不出户就可以通过任何一部联网的计算机进入其中,从游览、挑选、下订单到支付货款都在网上完成,之后等待送货上门的一种营销方式。

网络营销根据其实现的方式有广义和狭义之分,广义的网络营销指企业利用一切计算机网络(包括 Intranet 企业内部网、EDI 行业系统专线网及英特网)进行的营销活动,而狭义的网络营销专指国际互联网络营销。

(二)网络营销的特点

网络营销作为一种全新的营销方式,与传统营销方式相比具有明显的优势。

(1)网络媒介具有传播范围广、速度快、无时间、地域、版面约束,内容详尽、多媒体传送、形象生动、双向交流、反馈迅速等特点。

(2)网络营销无店面租金成本。

(3)国际互联网覆盖全球市场。

(4)网络营销能使消费者拥有比传统营销更大的选择自由。

二、网络营销与网站建设

网络营销的应用:网站是企业进行网络营销的基础,企业通过互联网开展营销活动,主要有以下5种。

(1)发布网络广告。

(2)建立电子商场。

(3)开展市场调研。

(4)分析消费需求。

(5)提供网络服务。

网络营销的作用在于一方面可以树立企业形象,另一方面可以吸引新顾客、沟通老顾客,而这一点又直接影响网络营销的效果。

网站建设的注意事项:

(1)快捷的信息提供。

(2)提高网站的质量与专业性。

(3)加强网站宣传的推广。

(4)把方便留给访问者。

三、网络营销基本模式

随着信息技术的发展,目前在网络营销领域出现了六种网络营销模式,具体介绍如下。

(一)网络广告

网络广告主要是指企业通过设立网页或设立电子邮箱,将自己的图标放在搜索引擎中等方式,将自己的信息在网络上发布,由顾客按照自己的兴趣自主地查询和传送反馈信息,从而构成交互的、有特定对象的信息传递。网络广告作为在英特网站点上发布的以数字代码为载体的经营性广告,具有互动性、广泛性、可统计性、智能性等特点。

(二)电子邮件

电子邮件相当于企业的一个邮政信箱加特快传递。它的信息传送非常方便,不受时间空间的制约,且传递速度快,无干扰。它可以一函多发,还可传递图像、声音、报表和计算机程序等。它与传真电话相比,还具有编辑性,同时安全性和保密性更强。企业可以利用收发电子邮件与顾客进行交谈和沟通,准确收集顾客的资料及其需求信息,了解顾客的需求与欲望,从而调整自身的营销策略;企业还可以通过向顾客发送电子邮件等进行市场调整,方便快捷,准确性高,成本低,时间短。

(三)搜索引擎营销

搜索引擎是一个为网络用户提供检索服务的系统。它的主要任务是在英特网中主动搜索其他 Web 站点中的信息并对其进行自动索引。其索引内容存储在可供查询的大型数据库中。当用户利用关键字查询时,该网站会告诉用户包含该关键字信息的所有网址,并提供通向该网站的链接。搜索引擎营销是基于搜索引擎的营销方式,属于网络营销方式中的一种,它是根据用户使用搜索引擎的方式,通过一整套的技术和策略系统,利用用户检索信息的机会将营销信息传递给目标用户。

搜索引擎营销不同于其他的网络营销模式,它的目标客户从普通的消费者转移到了企业,因为对于普通网民来说,已经习惯于免费使用搜索引擎,因此不可能像传统信息检索系统那样对每一次的搜索收费。而一般的企业如果想在复杂的网络环境中被自己的目标客户检索到,就只能依靠搜索引擎,因此针对企业,搜索引擎的营销模式主要有以下几种:①出售搜索技术。②搜索引擎优化。③关键词广告。

(四)网络社区营销模式

网络社区是指包括 BBS/论坛、讨论组、聊天室等形式在内的网上交流空间。

同一主题的网络社区集中了具有共同兴趣的访问者。由于有众多用户的参与,不仅具备交流的功能,实际上也成为一种营销场所。

(五)博客营销模式

博客就是网络日记,英文单词为 Blog(Web log 的简写)。博客这种网络日记的内容通常是公开的,自己可以发表自己的网络日志,也可以阅读别人的网络日志。可以理解为一种个人思想、观点、知识等在互联网上的共享。博客营销就是利用博客这种网络应用形式开展网络营销。

(六)电子商务平台模式

电子商务平台营销是以电子商务网站为平台,利用买方和卖方集中于同一个平台的聚集效应,从而达到企业营销目标的网络营销方式。传统的观点将企业的电子商务模式归纳为以下三个类型。

1. B to B(business to business)

商家(泛指企业)对商家的电子商务。即企业与企业之间通过互联网进行产品、服务及信息的交换。

2. B to C(business to customer)

企业与消费者之间的电子商务。这是消费者利用英特网直接参与经济活动的形式,类似于商业电子化的零售商务。这是目前一般最常见的作业方式。

3. C to C(consumer to consumer)

消费者与消费者之间的电子商务。

四、网络营销与传统市场营销关系

(一)网络营销改变了市场营销的环境

在网络营销中白天晚上都可以进行,而传统的营销市场,需要在白天工作时间进行。从支付手段上看,网络营销通过电子货币进行交易,为顾客订购商品和支付货款比其他商业模式更加节省成本,并实现了实务操作的无纸化和支付过程的无限进化,大大方便了交易的进行,能够实现良好的营销效果。

(二)消费者的行为在逐渐改变

消费者只需要在网络上搜索自己需要的产品,能够实现不出门就能够货比三家。消费者可以大范围地进行选择和比较,以求所购买的商品价格最低、质量最好、最有个性,使消费者买得实惠、买得方便。

(三)营销理念在不断变化

由于网络营销主要是在互联网上开展。使生产与消费更加贴近,消费者的个性化特征也较为明显。同种产品互联网上有成千上万家销售商,消费者可以进行对比和选择,而对于企业来说,在营销理念上,不仅是要确保价格最低,让利给消费者,还需要抓住消费者的心理,做好营销服务工作,并且根据消费者的个性化需求,满足消费者的要求。这样才能够实现网络营销的成功。

(四)技术支持手段在不断变化

网络营销是在互联网上进行的,需要具有高超的技术手段作为支持。互联网技术也在不断地发展,例如在网络营销中,包括客服、售后服务、电话营销、商业智能等功能。而要实现多种营销功能,就需要采取先进的技术手段进行支持。

五、新时期网络营销发展趋势

网络营销在我国起步较晚。从1996年山东青岛农民李鸿儒首次在国际互联网上开设网上花店,到北京、上海、广州等地的商业企业纷纷在网上开设虚拟商店。

(一)营销型网站将成为企业网站建设的主流

企业网站一般都被赋予了形象展示、促进销售、信息化应用等使命。经过这些年的发展,大量的中小企业都明白了企业网站最靠谱的,而且还能够为它们带来客户、促进销售。基于这种大的市场环境,营销型网站的理念浮出水面,并很快地被市场和客户接受。营销型网站用一句话概括就是以能够帮助企业获得目标客户,并使其充分了解企业的产品或者服务,最终使交易变成可能。

(二)广告定位更有针对性

近年流行的通过病毒传播的网络营销方式,主要是由于网络红人的兴起。我们都认识芙蓉姐姐,她在百度、在清华的校园里,非常敢于向摄影师秀出自己的非常粗大的腿和手臂。在网上被传播出第一个敢在网络上卖丑的人。再有就是名人效应。例如,喜临门床垫要找亚洲天后巩俐做代言人拍一个广告,本打算花巨资去砸电视媒体,选择在新闻联播之后,焦点访谈之前播放。但经过产品定位后,认为该床垫的主要顾客群体是80后年轻人结婚用,而现在的年轻人很少看新闻联播,平时获取信息的方式主要是网络,上班时间基本都可以接触网络。为此,该企业打算把喜临门床垫由巩俐代言后进行网络炒作,能够让更多的80后了解喜临门床垫。

(三)以图像为重,目的内容大行其道

随着消费者接触到越来越多的广告,使内容简单而迅速地被消化显得尤为重要,用图像说话。Buzzfeed和Pinteres的成功崛起,证明了基于图像的内容的力量和病毒般的传播潜力。

在社交网络中得到最多分享的成功博客文章通常也有一个共同的特点。它们利用一些精心放置的图片提升内容的吸引力,并突出了其中的某些要点。另外一个例子是信息图表,它们结合图像与少量的文本来解释一个主题,并提供调查研究的统计信息或数据。

(四)微信营销逐渐走俏

微信作为新兴的公众平台,在营销方面显示了独特的优势。例如,漂流瓶、陌生人打招呼、朋友圈等都可以作为营销的工具。此外,企业可以利用微信账户与企业的所有会员建立一种非地理意义上的专门化社群。以消费者对品牌的情感利益为联系纽带,品牌与消费者充分互动,提供有价值的服务,构建和消费者之间强有力的关系,并最终通过交易支付实现粉丝经济。

第三节　服务营销

一、服务的分类和特征

(一)服务的含义

服务是具有无形特征却可以给人带来某种利益或满足感的可供有偿转让的一种或一系列活动。

(二)服务的分类

在现实经济活动中,服务通常是与有形产品结合在一起,二者很难分离。菲利普·克特勒按照服务在产品中所占的比重,将市场上的服务供应分为五种类型。

(1)纯粹有形商品。

(2)伴随服务的有形商品。

(3)有形商品和服务的混合。

(4)主要服务伴随小物品和小服务。

(5)纯粹的服务。

(三)服务的特征

一般而言,服务具有以下五种特征:

1. 无形性

无形性指服务在购买之前,一般是不能看到、尝到、听到、嗅到或感觉到的。购买者为了减少不确定性,需要寻求服务质量的标志或证据,通过对看到的地方、人员、设备、传播资料、象征和价格做出服务质量的判断。服务的无形性要求服务提供者提供介绍和承诺。

2. 不可分割性

不可分割性指服务的发生和消费是同时进行的。服务人员提供于顾客之时,也正是顾客消费、享用服务的过程,生产和消费服务在时间上不可分离。

3. 品质差异性/可变性

由于服务是由人提供的,因而,由谁来提供及何时、何地提供具有很大的差异。

4. 易消失性/不可贮存性

服务的不可贮存性是指服务产品既不能在时间上贮存下来,以备未来使用,也不能在空间上,将服务转移带回家去安放下来,如不能及时消费,即会造成服务的损失。

5. 所有权的不可转让性

服务所有权的不可转让性是指服务的生产和消费过程中不涉及任何东西所有权的转移。

在上述 5 种特征中,无形性是最基本的特征,其他的特征都是由这一基本特征派生出来的。

二、服务营销策略

（一）服务营销战略

服务营销战略是指服务企业为了谋求长期的生存和发展，根据外部环境和内部条件的变化，对企业所做的长期性、全局性的计划。服务营销战略同产品营销战略一样，共有两种战略可供选择。

1. 总成本领先战略

总成本领先战略是一种内涵积累式战略。其内容是：通过努力降低成本，使成本低于竞争对手，以便在行业中赢得总成本领先的优势，获得高于行业平均水平的收益。实施总成本领先战略必须具备3个基本前提条件：第一是服务产品的品质相同。第二是企业资金实力雄厚。第三是服务功能相同。

2. 多角化战略

多角化战略亦称多元化战略。其内容是：一个企业同时经营两个以上行业的服务产品的市场经营战略。多角化经营是企业内部各项功能高度化分和专业化，并拥有协调方式的情况下而采取的分散风险的战略。实现多角化战略的前提条件有：第一是所有服务产品都处于市场生命周期的同一阶段。第二是所有服务产品都是风险产品或滞销产品。第三是所有服务产品都存在对某种资源的严重依赖。

（二）服务营销策略

服务营销组合是服务企业依据其营销战略对营销过程中的七要素变量进行配置和系统化管理的活动。营销组合是为了便利管理者控制所有的变数条件并使之系统化，因为这些变数会影响市场交易。服务市场营销组合的形成过程，大致与其他形态的市场相似。

1. 产品

服务产品的设计主要考虑的是提供服务的范围、服务质量、品牌、保证及售后服务等。

产品服务包括核心服务、便利服务及辅助服务三个层次。核心服务是企业为顾客提供的最基本效用，便利服务是为推广核心服务而提供的便利，辅助服务指用以增加服务价值或区别于竞争者的服务。

2. 定价

服务定价需要考虑的因素包括：价格水平、折扣、折让和佣金、付款方式和信用。在区别一项服务和另一项服务时，价格是一种识别方式，顾客往往从价格上的差异感受服务质量的差异，因此，服务定价要谨慎。

3. 分销渠道

提供服务者的所在地以及其地缘的可达性在服务营销上都是重要因素，地缘的可达性不仅是指实物上的，还包括传导和接触的其他方式。销售渠道的形式以及其涵盖的地区范围都与服务可达性的问题有密切关系。

4. 促销

促销主要包括广告、人员推销、销售促进、公共关系、口头传播、直接邮寄等。为增进消费者对无形服务的认知和印象，企业在促销活动中要促使服务产品有形化。

5. 人员

人员是服务营销中很重要的因素。在顾客心目中，人员实际上是服务产品的一个组成部分。服务人员担负着服务表现和服务销售的双重任务。因此，服务营销的成功是和人员的选拔、培训、激励和管理密切相联系的。对某些服务而言，还应当重视顾客与顾客之间的关系。因为一个顾客对一项服务产品质量的认知，可能受到其他顾客的影响。例如，某餐厅食客的态度和行为会影响其他顾客的购买行为。

6. 有形展示

由于服务的无形性决定着有形展示会影响消费者和顾客对于服务营销公司的评价。有形展示是指一切可以传递服务特色和优点的有形组成部分。有形展示包括环境、实物装备、其他实体形提示。

7. 过程

过程指的是服务产生和交付给顾客的传递过程。具体涉及工作人员表情、注意力和对顾客的关切程度。整个体系的运作政策、程序和方法。服务供应中的机械化程度、顾客参与服务操作过程的程度等。服务过程管理得好坏，深刻地影响着服务质量，从而影响企业的竞争优势。

第四节 关系营销

关系营销是在市场经济高速发达、现代科学技术高速发展的推动下,于20世纪90年代伴随市场经营观念的发展而产生的。从理论上讲,就是个人和群体通过同其他个人和群体交换产品和价值,创造双方更亲密的相互依赖关系,以满足社会需求的一种市场营销管理过程。

关系营销是现代营销观念发展的一次历史性突破。它可使企业获得比在传统市场营销中更多更长远的利益,因而被营销学者誉为20世纪90年代及未来的营销理论。

关系营销把营销活动看成企业与消费者、供应商、竞争者、政府机构及其他公众发生互动作用的过程。企业营销活动的核心是建立并发展与这些公众的良好关系,其中最重要的是建立企业与顾客的稳固关系。它包括识别、建立、维护和巩固企业与这些公众的关系。其主要目的是建立一种兼顾双方利益的稳定的长期合作关系,进而减少成本,实现资源的优化配置,有利于提高整体利益。

一、关系营销的内涵及其特征

20世纪80年代初,欧美一些学者对关系营销概念进行了界定。1985年,巴巴拉·本德·杰克逊提出了关系营销的概念,使人们对市场营销理论的研究又迈上了一个新的台阶。关系营销理论一经提出,迅速风靡全球,杰克逊也因此成了美国营销界备受瞩目的人物。巴巴拉·本德·杰克逊为美国著名学者,营销学专家。他对经济和文化都有很深入的研究。科特勒评价说:"杰克逊的贡献在于,他使我们了解到关系营销将使公司获得较之其在交易营销中所得到的更多。"

关系营销的产生具有较为深刻的时代背景,是企业顺应市场环境变化的必然选择。面对日益残酷的竞争挑战,许多企业逐步认识到:保住老顾客比吸引新顾客收益要高。随着顾客的日趋大型化和数目不断减少,每一位客户显得越发重要。更多的大型公司正在形成战略伙伴关系来对付全球性竞争,而熟练的关系管理技术正是必不可少的。购买大型复杂产品的顾客正在不断增加,销售只是这种关系的开端。善于与主要顾客建立和维持牢固关系的企业,都将从这些顾客中得到许多未来的销售机会(科特勒)。

关系营销是为了满足企业和相关利益者的目标而进行的识别、建立、维持、促

进同消费者的关系,并在必要时终止关系的过程,这只有通过交换和承诺才能实现。从上述定义,我们可以看出关系营销的要点是:

(1)留住顾客,建立企业同顾客的长期关系。

(2)留住顾客是实现同顾客成功的交换关系。

(3)通过交换和承诺来保留顾客。

(4)关系营销包括识别、建立、维持和在必要的时候中止关系的过程。目的是满足企业和相关利益者的目标。

我们认为,关系营销是以系统论为基本思想,将企业置于社会经济大环境中来考察企业的市场营销活动,而不限于顾客市场。认为企业营销乃是一个与消费者、竞争者、供应者、分销商、政府机构和社会组织发生互动作用的过程。市场营销活动成败的关键取决于企业同各种相关利益者群体的关系。简单地说,与主要客户建立起一对一关系或对话的任何营销战略,都可以称为关系营销或忠诚度营销。

关系营销的特点:

(1)集中于顾客保持。

(2)以顾客价值为导向。

(3)长时期同顾客保持联系。

(4)强调高顾客服务(为顾客提供最大化价值)。

(5)高顾客接触。

(6)质量被所有部门关注。

二、关系营销与传统交易营销

关系营销与传统交易营销的不同:

(1)关系营销将关系从顾客关系扩展为相关利益者的关系,从顾客市场拓展到六个市场。

(2)关系营销将交易双方利益视为互利、互补的,双方是合作伙伴关系(双赢)。企业在为顾客创造价值最大化的同时提高自己的效益。交易营销则是将双方利益视为冲突的对立,一方所得必为另一方所失。

(3)关系营销是创造价值的过程。因为保持顾客可节约成本,提高利润。交易营销则是分配或实现生产部门或企业已创造的价值。

(4)关系营销以保持顾客,实现顾客价值最大化为特征。交易营销以吸引新顾客,提高市场占有率及实现利润最大化为特征。

(5)关系营销是由各职能部门实施,并实行顾客、服务质量与市场营销的整合。交易营销主要由营销部门实施,并以营销组合为基础。

关系营销最本质的特征:

(1)信息沟通的双向性。交流应该是双向的,既可以由企业开始,也可以由营销对象开始。广泛的信息交流和信息共享,可以使企业赢得支持与合作。

(2)战略过程的协同性。在竞争性的市场上,明智的营销管理者应强调与利益相关者建立长期的、彼此信任的、互利的关系。可以是关系一方自愿或主动地调整自己的行为,即按照对方要求的行为,也可以是关系双方都调整自己的行为,以实现相互适应。各具优势的关系双方,互相取长补短,联合行动,协同动作去实现对各方都有益的共同目标,可以说是协调关系的最高形态。

(3)营销活动的互利性。关系营销的基础,在于交易双方相互之间有利益上的互补。如果没有各自利益的实现和满足,双方就不会建立良好的关系。关系建立在互利的基础上,要求互相了解对方的利益要求,寻求双方利益的共同点,并努力实现双方的共同利益。真正的关系营销是达到关系双方互利互惠的境界。

(4)信息反馈的及时性。关系营销要求建立专门的部门,用以追踪各利益相关者的态度。关系营销应具备一个反馈的循环,连接关系双方,企业由此了解到环境的动态变化,根据合作方提供的信息,以改进产品和技术。信息的及时反馈,是关系营销具有动态的应变性,有利于挖掘新的市场机会。

三、关系营销的六个市场模型

(1)顾客市场。它是六大市场的中心。顾客市场包括最终使用者、顾客或中介购买者。企业为他们提供有别于竞争者的服务才能建立长期的顾客关系。

(2)供应者市场。它为企业提供原材料、产品和服务。企业与供应商在营销渠道上建立合作伙伴关系,才能保证企业顺利地推出产品和服务。

(3)推荐者市场或参照市场。它由具有专业性的专家组成,诸如、医生、银行家、管理者及会计师等。企业同这些人建立长期的良好关系,使他们从不同角度推荐企业,有利于企业在顾客心目中树立良好的形象,从而促进企业与顾客的长期关系。

(4)影响市场。它主要包括政府、公众、金融市场、记者等。他们直接影响企业的营销活动,必须处理好同他们的关系。

(5)内部市场。它指企业内部个人与团体关系、上下级关系、职能部门之间的关系。通过他们的关系和行为,进而通过企业文化,尤其是共同价值影响企业的精神和理念,从而影响同顾客的关系。

(6)雇员市场或交互市场。企业通过一线雇员同顾客建立直接的关系,他们成为关系营销的焦点,只有良好的员工关系,才能保证企业同顾客良好的长期关系。

四、企业与顾客的关系划分

关系营销的本质是以服务为导向,协调营销系统中各要素的关系,从而创造价值。菲利普·科特勒把企业与顾客的关系划分成以下五个层次。

(1)初级型。企业把产品销售给顾客后,然后就再也不与顾客联系。

(2)反应型。企业把产品销售给顾客后,允诺在顾客遇到问题时给顾客提供服务,如维修,但不主动与顾客联系。

(3)主动型。事后主动与顾客联系,协助顾客解决各种问题,并询问顾客对产品的意见,然后利用这些信息来改进企业的产品和服务。

(4)积极型。企业的营销人员事前与顾客联系,征询顾客对产品的要求,并且要求与顾客合作,以发现顾客的需求并最大限度地满足。

(5)伙伴型。企业与顾客之间结成紧密的伙伴关系。在产品开发、生产、销售及人员培训等方面互相协作。一般适用于企业之间的营销。

第五节 绿色营销

一、绿色营销的兴起

首先,消费者与最终使用者的需求造成对市场的压力。一是由于社会经济的发展,在为社会及广大消费者谋福利的同时,造成恶劣的自然环境及社会环境,直接威胁着广大消费者的身体健康。广大居民迫切要求治理环境污染,要求企业停止生产有害环境及人们身体健康的产品。二是社会经济的发展,使广大居民个人收入迅速提高,他们要求高质量的生活环境及高质量的产品,即要求绿色消费。

其次,欧美经济发达国家,先后制定了严格规范企业营销行为的立法。例如,规范土地的使用,废气、废水、废物排放及保护稀有生物等法令的颁布,迫使企业日益重视环保问题。

再次,绿色压力团体的影响力。全球压力团体的影响力于20世纪80年代迅速发展。他们通过参与各种活动来扩大其影响。诸如搜集和提供有关环保的信息,进行政治游说和唤起环保意识的公共宣传。参与阻止破坏环境的示威活动,如阻止把有毒的垃圾倒进海里。这既可防止危害环境的行为,又可引起大众的注意;压力团体帮助企业共同研究节约使用资源及防止破坏环境的方法。

最后,宣传媒体对环境污染事件的高度重视。诸如报道臭氧层受到破坏,全球增温及非绿色产品对人们身体的损害等。使广大消费者注意企业行为对人们及环境的影响。

目前,西方发达国家对于绿色产品的需求非常广泛,而发展中国家由于资金、消费导向和消费质量等原因,还无法真正实现对所有消费需求的绿化。以我国为例,目前只能对部分食品、家电产品、通信产品等进行部分绿化。而发达国家已经通过各种途径和手段,包括立法等,来推行和实现全部产品的绿色消费,从而培养了极为广泛的市场需求基础,为绿色营销活动的开展打下了坚实的根基。以绿色食品为例,英国、德国绿色食品的需求完全不能自给,英国每年要进口该食品消费总量的80%,德国则高达98%。这表明,绿色产品的市场潜力非常巨大,市场需求非常广泛。

二、绿色营销的内涵及特征

(一)绿色营销的内涵

广义的绿色营销,也称伦理营销。指企业营销活动中体现的社会价值观、伦理道德观,充分考虑社会效益,既自觉维护自然生态平衡,更自觉抵制各种有害营销。狭义的绿色营销,主要指企业在营销活动中,谋求消费者利益、企业利益与环境利益的协调,既要充分满足消费者的需求,实现企业利润目标,也要充分注意自然生态平衡。狭义的绿色营销,也称生态营销或环境营销。

(二)绿色营销的特点

与传统营销相比,绿色营销具有如下的特征。

1. 系统性

绿色营销不是单一的企业经营行为,而是一个系统工程。在企业运行过程中,通过绿色意识的指导,把绿色营销贯穿在整个决策和经营过程中。从产品设计定位出发,设立安全、环保、健康的理念。确保产品生产过程和产品本身符合绿色主题,在后续的包装、仓储和运输过程中有偏向地选择绿色产业链的合作商,从而实现经济效益和环保效益共同发展的目标。

2. 文化性

绿色营销其实质是一种商业经营的理念。在这种理念的指导下,重视市场营销活动的社会责任和环保价值。因此,通过积极开发绿色市场定位、绿色包装和绿色企业形象以及倡导绿色消费意识,引起消费者的价值共鸣,从而使消费者选择绿色产品、采用绿色生活方式。这种企业和消费者双向的选择,已经从本质上对传统商业文化发起挑战。绿色营销更注重人的概念,不再单一地以短期市场盈利为标准。

3. 可持续性

绿色营销的文化性带来了文化概念的延伸。绿色文化成为企业文化的重要内容。在绿色文化的建设中,企业目标和环境目标实现了统一,在此过程中,企业也承担了相应的社会环保职责。企业营销与生态理念相辅相成,共同影响了企业对内对外的行为。不仅能提高自身的生活质量和健康水平,而且能够改善生态环境,为子孙后代留下可持续发展的财富。在培养消费者绿色消费意识的同时,培养成熟的绿色市场。

三、绿色营销的实施

绿色营销的实施是一项系统工程。需要政府、企业与消费者的协同作用,也需要广泛的国际性合作。

(一)政府、企业和个人的协同作用

(1)政府应确定环保是基本国策的战略思想。确立经济与生态协调发展的战略思想,政府要根据国情,参照国际惯例,不断完善法规,对现行的环保法进行修改,制定保护自然环境的法律法规。政府要制定绿色政策体系,诸如环境保护政策、绿色市场培育政策、资金及税收支持政策、土地使用政策等。

(2)企业要树立绿色营销观念。从全球绿色营销观念出发,协调环境、社会、企业的利益,制定出绿色营销战略。它必须既有利于自然环境良性循环发展,又有利于满足消费者的现实及未来的绿色需求。从长远看,还要考虑企业合理的绿色赢利。进行绿色营销策略整合,即考虑绿色消费者的需求与支付能力,从整体上设计与开发绿色产品。实施绿色产品定价、绿色产品广告宣传及绿色产品的分销。

(3)消费者要自觉树立环境观念及绿色消费观念,推动企业绿色营销的实施以及促进政府绿色法规的制定、完善及执行。

(二)实行广泛的国际合作

由于自然环境的恶化是全球性的,如全球升温,臭氧层受破坏,生物种类的灭绝,水源及空气污染等,因此,需要各国政府进行广泛合作,从全球及宏观方面保证企业绿色营销的开展。具体可以从以下几个方面入手:

(1)开展国际性合作。
(2)资讯和其他资源的整合。
(3)制定国际性立法来保护全球环境。
(4)教育人们为创造一个可持续发展的环境做出贡献。
(5)利用科技来解决全球环保问题。

第六节 体验营销

一、体验营销的内涵及特征

(一)体验营销的内涵

体验营销是1998年美国战略地平线LLP公司的两位创始人B Josephpine和James Hgilmore提出的。他们对体验营销的定义是:从消费者的感官、情感、思考、行动、关联五个方面重新定义、设计营销理念。他们认为,消费者消费时是理性和感性兼具的,消费者在消费前、消费中和消费后的体验,是研究消费者行为与企业品牌经营的关键。

综合国内外学者对体验营销的研究,体验营销是指营销者站在消费者的角度去体验消费者的购买理念、购买程序、购买心理和购买原动力。通过消费者的感官、情感、思考、行动和联想等参与、体验,由制造商、经销商与消费者共同建立起产品信息的良性循环系统,利用消费者的整体感受和评价去激活消费者内心的消费欲望,并加快购买行为的一种营销方式。

体验营销通过良好的服务和让消费者积极参与,迎合了消费者的购买心理,提高了产品和服务的附加值。有利于推广品牌,最终达到消费者、经销商和厂商都满意的三赢结果。这正是价值战的意义所在。

(二)体验营销的特征

1.价值的转移性

通过体验营销,企业将产品的部分价值转移到体验的价值中,并在体验的过程中增加产品的价值。

2.信息的直接反馈性

企业在提供消费者体验的过程中,消费者当面询问,企业当面接受客户的各类咨询,为客户提供解决方案。依据一整套的流程,可随时为客户解决各种产品在使用过程中遇到的疑难问题。

3.营销者的高素质性

为了满足客户的需求,体验营销要求人员充实其原有的职能,不仅是产品信息的传递者,具备帮助客户解决问题的能力,而且还要给客户带来额外的体验价值。营销人员对客户的作用正在渐渐转移到为客户提供全方位的服务上,要求他们更为注重市场营销与艺术营销相结合的文化建设。

4.消费者的主动性

在体验营销过程中,消费者作为体验信息的载体,自始至终起着主导作用,一切营销行为都是围绕着消费者来进行,强调消费者自身的感受。消费者自行地将体验的产品与同类产品进行比较,明确产品的质量、功能、服务等方面的优势所在。

二、体验营销与传统营销比较

与传统的营销模式相比,体验营销有着鲜明的特色。从关注点上,传统营销更多专注于产品的特色与利益,体验营销的焦点在顾客体验上,通过为顾客提供全方位的、有价值的体验来获利。在传统的营销观念中,一件产品对顾客而言,非常实用即可。例如,食品很卫生、有营养、家电质量高、耐用。电子软件性能好、稳定、效率高。然而,到了体验经济时代,这样做就未必赢得消费者了。比如,面对琳琅满目的饮料,谁也不能分辨出娃哈哈纯净水和乐百氏纯净水,到底哪个更解渴、更有营养。厂家就是靠我的眼里只有你这种情感体验来打动消费者。

传统营销把顾客当作理智的购买决策者,把顾客的购买决策看成一个解决问题的过程,非常理性地分析、评价,最后决策购买。而体验营销认为顾客既是理性的也是感性的,因理性和感性而购买的概率是相同的。因为顾客往往会因得到某种体验需求上的满足,为追求乐趣、刺激等一时冲动而产生购买行为。

传统营销中,顾客被动地接受企业的产品或服务,企业营销行为实际上是产品导向。体验营销中,顾客既是体验的接受者又是体验的参与实施者,真正体现了顾客导向的理念。

在实际操作中,传统营销关注产品的分类和在竞争中的营销定位,而体验营销更注意在广泛的社会文化背景中为顾客制造各种消费体验情景。

从营销4P组合来看,传统营销与体验营销的区别也是明显的,见表12-1。

表 12-1 传统营销与体验营销 4P 策略的运作方式比较

4P 策略	传统营销	体验营销
产品策略	要求产品的核心层即品质、功能利益优良,其形式层(品牌、包装、式样等)有特色,同时要为顾客提供更多的附加服务(送货、保证、安装)	要求为消费者提供多样的、有特色的体验,凡是能为消费者提供值得回忆的感受的事物都可以成为体验产品
价格策略	成本是企业定价的主要依据	实体产品甚至可免费提供,收费的对象是体验,而且其价格是以消费者的期望价格为依据制定,会远远高于成本
促销策略	通过广告、人员推销、营业推广和公共关系等促销手段将大量信息硬塞给消费者,全然不顾消费者的感受	促销手段中都纳入体验因子,注重与消费者的互动
分销策略	面临的主要是商流和物流的问题,需要解决商品实体和交易的运作	体验是无形的,是靠消费者的感受凝结而成的一种回忆,分销所解决的主要问题是信息流问题

三、体验营销策略

体验作为一种价值载体,它具有多重存在形态和表现形式。譬如,它既可以依附于产品和服务而存在,也可以作为单独的出售物而存在。就像服务既可以依附于实体产品而存在,也可以单独存在一样。体验存在形态的多重性和体验内容的丰富性,为企业开展体验营销提供了多种营销策略。

(一)在产品中附加体验

将好的体验附加到产品之中,能对产品起到画龙点睛的作用,增加产品的灵性,提高产品的感知质量。为产品增添愉悦、美感、感官享受等成分,从而使产品体验化。例如,为使汽车关门声听起来更舒服,汽车制造商们现在在每个模型上不惜花费成百上千万美元。

日本生产创可贴的米多尼公司,而对竞争激烈且销售日趋疲软的行业状况,开发了一种名为快乐的伤口的新式创可贴。它摒弃了传统产品的肉色和条状,颜色上大胆地采用了鲜艳的桃红、橘黄、天蓝、翠绿等花哨的颜色。外形上采用了心形、五角星、十字、香肠等形状,上面还印有颇具幽默色彩的花头巾、好疼啊、我快乐极了等文字。新式创可贴备受孩子们和女士们的喜爱。仅在一年内就售出830万盒,销售额高达15亿日元,令同行叹为观止。

(二)用服务传递体验

由于服务生产和消费的不可分割性,服务是企业用以展示和传递体验的天然平台。在服务过程中,企业除了完成基本的服务提供外,完全可以有意识地向顾客传递他们所看重的体验。

例如,在诺德斯特龙,美国一家业绩不凡的百货连锁店,员工们经常为顾客创造出令人称奇的体验。他们会在停车场为顾客预热引擎。顾客只要光临该店一次,售货员就能记住顾客的名字,并在顾客过生日时出其不意地寄去鲜花和售货员手写的生日贺信。他们还会为顾客退换该店从未出售的货物。正由于此,诺德斯特龙在顾客当中有口皆碑,人们打算购物时,首先想到的是去诺德斯特龙。有人认为,诺德斯特龙出售的不是货物,而是一种与顾客为善的体验,售货只不过是一种陪衬而已。

(三)通过广告传播体验

如果说用产品和服务表达体验,受众而有限的话,广告则可大范围地传播消费者所喜好的体验,从而吸引目标消费者,达到产品销售的目的。

传统广告专注于对产品效能、质量或价格的宣扬,这种直白式的广告在同类产品竞争愈益激烈的情况下,难以给消费者留下深刻印象。只能使消费者感到乏味,而体验营销者把广告看作传达体验的有力工具,强调广告文案的体验诉求。广告中的体验不仅能有效吸引目标受众的眼球,也为产品的销售和使用打下感性基础。即在产品被使用或消费之前就增加了其体验价值。

例如,中国洗发水中的百年润发电视广告,没有沿用洗发水广告一向以去头屑、柔顺等功能利益诉求为主的做法,而是巧妙借用中华民族夫妻间青丝白发、相好百年的传统美德,通过一段忠贞不渝浪漫爱情的演绎,着重向消费者传达了感人肺腑的情感体验。由于这则广告,百年润发洗发水在国内洋品牌一向占统治地位的洗发用品市场上脱颖而出,赢得消费者的广泛喜爱。

对广告中体验诉求的强调不仅适用于日用消费品,同样适用于中间产品。以米其林轮胎为例,在它最重要的一则广告中根本没有提及它所采用的橡胶质量如何,轮胎寿命有多长,或者产品的成本等。该广告只是让一个婴儿惬意地坐在一个轮胎里,在潮湿的滑道上舒适地漂流。米其林用这幅简单的图像告诉它的顾客:我们出售安全,并且我们将这一份宁静的心情送给最关心您的家人。

当然,并不是任何广告体验都能打动消费者,有些广告反而起到相反的作用。这就要求广告所欲传播的体验与目标受众的内在需求相吻合,并与产品的特性有着恰当的联系,而且在选题和表现手法上应该新颖、独到。

(四)让品牌凝聚体验

在企业开展体验营销的过程中,品牌是不可或缺的。品牌表面上是产品或服务的标志,代表着一定的功能和质量,在深层次上则是对人们心理和精神层面诉求的表达。所以,在体验营销者看来,品牌凝聚的是顾客对一种产品或服务的总体体验。品牌的价值在很大程度上是体验的价值。

(五)创造全新的体验业务

体验业务既可以是体验产品,也可以是体验服务,但它不同于依附在产品或服务之中的体验。虽然体验业务的生产离不开产品或服务,但此时体验才是企业真正要出售的东西,产品或服务只不过是辅助性设施。影视、艺术、体育、旅游等产业本质上都属于体验业务。除此之外,企业可以充分发挥想象力,创造出全新的体验业务。

环顾我们生活的世界,就会发现,有多少体验业务是我们以前不曾见到的、新奇而又令人激动的!只要支付一定费用,就可以体验出生入死、险象环生的探险过程。就可以体验一下当歌星(名角)的感觉。可以体验当一天牧民滋味。在日本,甚至可以租回女儿、儿子、孙子、外孙,体验家庭的融融温馨和亲情。

上海近郊的一个乡村,有着近百亩良田。最近该村策划将农田划分为诸多小块的菜地,长期租给城市中的居民,让他们在双休日前来自耕自耘,体验一份自给自足的田园之乐。这些农民显然在尝试把农产品转化成体验、把农业转化为体验业。

第七节　文化营销

文化营销作为一种新型的营销方式,凭借其低成本和强大的差异性在市场中异军突起。同时,文化营销也是一种不断创新的营销,具有极强的开放性,能够不断地吸收新的文化内容而呈现出旺盛的生命力。

文化营销不但可以帮助我国企业在国内市场独树一帜,还可以帮助企业克服文化差异,在国际化经营中占据一席之地。

一、文化营销的内涵及特征

(一) 文化营销的内涵

简单地说,就是利用文化力进行营销。

文化营销是指把商品作为文化的载体,通过市场交换进入消费者的意识,它在一定程度上反映了消费者对物质和精神追求的各种文化要素。文化营销既包括浅层次的构思、设计、造型、装潢、包装、商标、广告、款式,又包含对营销活动的价值评判、审美评价和道德评价。它包括三层含义:

(1) 企业需借助或适应不同特色的环境文化开展营销活动。

(2) 文化因素需渗透到市场营销组合中,润物细无声。综合运用文化因素,制定出有文化特色的市场营销组合。

(3) 企业应充分利用 CI 战略与 CS 战略全面构筑企业文化。

(二) 文化营销的特征

1. 时代性

文化营销作为一种价值性活动总是反映和渗透着自己的时代精神,体现出时代的新思想、新观念。比如,信誉是企业生命、销售就是服务、顾客满意就是金牌、既要讲竞争又要讲合作等等。

2. 区域性

文化营销的区域性指在不同的国度地区因文化差异造成的营销对象、营销方式等的差别。它与民族、宗教、习俗、语言文字等因素有着深刻的关系。比如,东方人把红色作为喜庆色。结婚生子都要穿红衣服,用红被子,吃红鸡蛋,送红包,而在德国、瑞典则被视为不祥之物。

3. 导向性

文化营销的导向表现为两个方面。一是用文化理念规范引导营销活动过程。绿色营销就是在环境保护的深层的价值观上契合了消费者的想法而得以盛行。二是对某种消费观念消费行为的引导,影响消费者消费观念及生活习惯。典型的像速溶咖啡的推广过程。

4. 开放性

文化营销由于文化的广泛理解而具有极大的开放性。一方面对其他营销方式能产生强大的文化辐射力,另一方面它又不断吸收其他营销活动的思想精华保持其创新的活力。

5. 个性化

这种文化个性化具有鲜明的特色,很容易被消费者识别,利于确立企业和品牌形象。同是香烟,万宝路表现出的是西部牛仔的豪放、粗犷,三五牌烟则是与汽车拉力赛运动相联系,刻画的则是体育运动的形象。

二、文化营销的功能和意义

文化营销的功能可以概括为以下五种:

(1)通过文化营销,企业可以与消费者建立共同认知与沟通。

(2)通过文化营销实现产品或服务的差异化。为顾客提供独特的产品或服务,从而提高顾客让渡价值和满意度。孔府家酒酿之于孔子之乡,儒家文化的发源地。儒家文化在日本、韩国、东南亚影响极为深远,在西方国家的影响也越来越大。喝孔府家酒,写天下文章。此酒的文化含量使得它在国内外知名度极高,产品中丰富的文化内涵,使其产品的使用价值区别于竞争对手,并提高产品的附加值。

(3)文化营销以企业的价值观念为营销对象,实现内部营销与外部营销的双重效果,由此构筑企业的核心竞争力。

(4)提升企业的国际市场营销能力,使企业能够应对更为激烈的国际化竞争。

(5)通过文化营销,促进社会营销的发展,使社会价值观与行为向更积极的方面转化。

三、文化营销的实施策略

结合市场营销理论,可以将实施文化营销从产品策略、品牌策略、定价策略与促销策略进行系统分析。

(1)企业在文化营销中实施产品策略的过程,就是以产品为载体传递文化价值的过程。把消费者认同的文化与附加在产品上的文化内涵相结合,满足消费者的文化需要。在产品包装上,巧妙地体现产品的文化底蕴,体现产品的差异性,激发消费者的共鸣和情感,提升产品竞争力。

(2)文化营销的品牌策略是把产品所拥有的文化内涵融入品牌中去。如果说产品的内在质量和性能是品牌的知名度、美誉度和忠诚度的物质基础,那么,凝结在产品中的文化内涵则是产品获得消费者持久认同、维系与消费者价值链关系的精神基础。

(3)文化营销的定价策略是把产品的文化价值体现在产品的最终价格上。如果在营销中融入了文化因素,提高了消费者的让渡价值,使消费者从产品上感受到其蕴含的文化价值,便可以超越传统的定价方式,使企业获得超额利润。

(4)文化营销的促销策略的核心是在促销活动中注重打文化牌,将文化内涵与促销活动结合,宣传企业和产品的文化价值观,提升企业的形象和层次,促进消费行为的发生。

第八节 口碑营销

口碑营销是一种永远不会落伍、永远不会退出历史舞台的营销手段。是一种成本投入少而效果却非常显著的营销方式;是一种传统产业和新经济都不会拒绝的营销举措。

近几年,随着网络及移动通信的飞速发展,信息传播的方式、速度和容量得到了空前突破,电子邮件、网上论坛、手机短信等移动数据传送服务不仅使传统的口碑传播模式发生了改变,而且还极大地增加了人际网络之间的联结。现在无论是好消息还是坏消息,在人际网络中都能得到快速传播。因此,口碑营销是一种非常值得研究的营销方式。

一、口碑营销的内涵及特点

口碑在《辞海》中的解释是比喻众人口头上的称颂。由此可见,口碑在我国传统的语义中强调了两点:一是社会公众形成的对某一对象长期的、统一的、好的看法和评价。二是口头传播,即借助于人与人之间的口口相传。从营销角度看,口碑是消费者之间所交流的关于特定品牌的所有意见与评价。

口碑营销是企业有意识或无意识地生成、制作、发布口碑题材,并借助一定的渠道和途径进行口碑传播,以满足顾客需求、实现商品交易、赢得顾客满意和忠诚、提高企业和品牌形象为目的,而开展的计划、组织、执行、控制的管理过程。

口碑营销的主要特点如下:

(一)成本费用低

由于口碑营销的成本主要集中于教育和刺激小部分传播人群上,即教育、开发口碑意见领袖,因此费用比面对大众人群的广告等其他形式要低得多。口碑营销无疑成了当今世界上最廉价的信息传播工具,基本上只需要企业的智力支持,不需要其他更多的投入。

(二)可信度高

消费者为了尽可能地规避风险,相对于纯粹的广告、促销、公关、商家的推荐等而言,他们更愿意向购买过此类产品或服务的熟人、朋友等寻求意见。

(三)针对性强

消费者都有自己的交际圈、生活圈,而且彼此之间有一定的信任,信息传递一般情况下是传播者所感兴趣,甚至是所需要的,从而形成良好的沟通效果。

(四)提升企业形象效果好

口碑是企业形象的象征,是人们对于某个产品或服务有较高的满意度的一个表现。当一个企业赢得了一种好的口碑之后,顾客自然会对其产生信赖感,企业的形象亦随之获得提升。

(五)发掘潜在消费者成功率高

专家们通过研究发现,人们出于各种各样的原因,热衷于把自己的经历或体验转告他人。如果经历或体验是积极的、正面的,他们就会热情主动地向别人推荐,帮助企业发掘潜在消费者。一项调查表明,一个满意的消费者会引发8笔潜在的买卖,其中至少有一笔可以成交。一个不满意的消费者足以影响25人的购买意愿。用户告诉用户的口碑影响力可见一斑。

二、口碑营销的传播原则

现实市场中激烈的竞争,迫使企业不得不采取各种方式的营销手段,出于取得利益的目的,企业往往在运用某一营销战略或策略的时候放弃了对原则的遵守,从短期来看,放弃原则能够为企业节约大量的资金、时间和人力。但从长远来看,对原则的忽视往往会给企业的未来发展制造麻烦。因此,在运用口碑传播进行市场营销时,一定要将以下三条原则牢记心中。

(一)让产品成为消费者交流的一部分

如果企业的产品能够以某种方式融入两个消费者之间的交流之中,那么口碑营销就起到了它所应当引起的最强烈的效果。那么如何让企业的产品在消费者的口中提及率较高呢,有正反两个方面。从正面讲,消费者在使用产品的过程中或者在使用产品之后认为产品很好而与其他人谈论。从反面讲,则是消费者在使用中或者使用后认为产品或者服务不好而与其他人谈论。

我们所要做的是达到正面的效果。因此可以通过给产品赋予某种创新型概念,如产品可以彰显地位,或价格便宜,或使用方便,或服务周到等各种信誉度和美誉度,来引起消费者与他人沟通和交流的兴趣与欲望。

(二)让企业的客户互动起来

让企业的客户互动起来的关键问题在于企业是否能够创建一个让自己的客户之间产生互动的营销框架。如企业可以建立自己的网站,使客户可以随时随地自由地在网站中发表自己的意见,与其他客户自由地进行谈论和交流。企业可以凭借这一平台有效地提升口碑营销的效果。

而且企业应当把重点放在如何激励客户让他们进行相互交谈,对企业的产品和整体形象进行沟通和交流,引起潜在客户的注意。同时可以通过客户之间的交流化解很多客户对于企业产品的误解或不良印象。

(三)促使客户传播消息

日常生活中常听到这样的广告词:如果您用了好,请告诉您的朋友,如果您用了不好,请告诉我们。这是一种非常典型的建议客户向他人传递有关企业和产品信息的方法。顾客如果感觉到企业的产品有可能使自己的朋友或者熟悉的人群受益,他们便会把有关产品的信息传递给他们。

成熟、理智的顾客不会盲目地、毫无代价地帮助企业宣传产品。他们在为企业带来一个新客户要得到相应的奖励。不仅是物质上,也可以是精神上的,如企业可以定期召开一些客户意见反馈会,以茶座、沙龙的形式聚集一部分有代表性的顾客进行信息交流,请教他们有关产品及企业形象的意见和建议,不但可以增进感情,还可以促使他们对企业及其产品进行宣传和推荐。

三、实施口碑营销的具体方式

无论口碑营销的方式怎样变化,都离不开口碑营销的实质,就是增强传播者的体验效果。让人们发自内心地去说,并让人们经常去说、去谈论。口碑营销是企业到客户再到客户(B2C2C)的一种沟通方式。是关于如何让客户进行第二次甚至更多次免费宣传的营销。

（一）通过顾客体验树立口碑

所谓顾客体验,就是顾客和企业产品、人员及服务流程互动的总和。俗话说：百闻不如一见。为了获得广大百姓对产品的印象和好感,企业应努力优化顾客的消费感受和体验效果,为口碑营销制造话题。戴尔公司有这样一句口号：顾客体验,把握它。该公司甚至认为顾客体验是竞争的下一个战场。在营销的世界中,没有产品或服务的比较,只有消费者对产品和服务的认知和感受。使现有客户满意,实际上是在为企业培养出色的免费推销员。

（二）通过文化塑造提升口碑

企业需要构筑其竞争对手不可复制的独特的核心竞争力。当这种核心竞争力具有其独特性和无法模仿时,就可以成为一种品牌资本,引起消费者的兴趣,产生口碑传播的驱动力。在产品同质化日益严重的今天,赋予产品生动而深刻的文化内涵,让文化本身成为口口相传的力量,已成为许多营销人员的共识。企业应深入挖掘自身的历史文化,并不断将自身的历史文化传统与地方文化、行业文化、民族和社会文化融为一起,最大限度提升品牌的知名度。

（三）通过借力造势引爆口碑

口碑营销的特点就是以小搏大。在操作时应善于利用自然规律、政策法规、突发事件,甚至是竞争对手等各种强大的外部势能来为己所用。事实上,只要某一人物、领域或事件成为关注热点,借势就会成为可能。

（四）通过传统媒介和网络扩大口碑

应该看到,口碑传播在速度和广度上远远不及大众媒体和网络,而且产品销售初期,意见领袖也需要通过广告等媒介来了解产品,采取购买行为后再向他人传递信息或推荐产品。口碑营销专家迈克尔·卡拂基指出："口碑是头脑中的低技术方法,但它却诉诸市场中所有高科技噱头来实现。"可见口碑不是万能的,口碑营销既不排斥广告、营业推广等传统营销方式,更应与论坛、BBS、博客、移动通信等高科技手段有机结合,相互取长补短,发挥协同效应。

(五)通过顾客沟通和交流维护口碑

忽视与顾客的沟通和交流可能会出现以下两种风险:一是口碑消失;二是口碑朝着负面方向发展。消费者对一个企业的看法和反应将决定人们如何对他人谈起该公司和产品,同时企业也只有在消费者的声音中才能把品牌锤炼得越来越响亮。因此,企业应采取各种形式积极与顾客进行品牌对话,听取顾客的意见并合理改善。与消费者平等、真诚、持久地沟通,既可维护品牌的正向口碑,又可杜绝负面口碑在消费者群体中的传播和扩散。

第九节 概念营销

概念营销兴起于 20 世纪 90 年代,产生在注意力经济的大背景之下。概念营销认为,消费者愿意购买某种产品,而不买其他产品,是接受相应消费观念的结果。产品上市前只有从观念上促成消费者新的认知,并将观念附载于相应的产品及企业形象上,继而转化为特定产品或品牌概念,才能引起消费者的欲求及购买行为。因此,概念营销就是指企业将市场需求趋势转化为产品项目开发的同时,利用说服与促销,提供近期的消费走向及其相应的产品信息,引起消费者关注与认同,并唤起消费者对新产品期待的一种营销观念或策略。

概念营销为什么会受到企业的厚爱。原因之一就是概念能够将商品的信息做到个性化、单一化,能够在最短的时间有利于消费者的理解与记忆,吸引到更多的眼球,实现品牌效益的最大化。很多跨国公司进入中国市场,普遍会采用概念先行的营销策略,通过各种媒体大力宣传。在新产品推出之前,往往会先提出一种新的消费理念或价值观,也就是市场营销中的所谓卖点,这才是概念的素材。

一、概念营销的兴起背景

概念营销的兴起,有着深刻的社会背景和理论基础。

1. 产品同质化

随着市场的发展,产品间的同质性越来越强,消费者很难真正区分出产品间的差别。消费者的需求日趋复杂,而多数消费者还缺乏明确的消费观念,难以对产品形成正确的概念。并随着科技的进步和经济的发展,人们对生活水平有更高的追求,消费者对个性化的追求越来越强烈,消费更加理性化。因而对于商家来说,要么竞相杀价,要么大打广告战,竞争的焦点也不断向深层次延伸,如何才能吸引消费者的注意力已成为企业经营策略的重中之重。

2. 不完全的信息博弈论

在专业不断深化的情况下,人们对非专业知识的最新进展很难深入了解,在不完全信息的博弈中必须进行信息披露。抓住产品或行业发展的线索,提出一个既反映商品特性又朗朗上口的概念,先吸引注意力再做出解释,成为一条有效的途径。

3. 消费心理的可影响性

消费者的消费心理受到厂商宣传和社会因素的影响,概念营销对消费者的作用就是以此为出发点的,企业可利用它来引导消费观念,创造需求。

二、概念营销的定义及特点

概念营销是指企业通过对产品的分析总结,提炼出一个客观合理、操作性强、高度概括的特定概念,借助于现代传媒,对产品概念进行大规模的广告宣传,以引起消费者对企业产品的关注与认可,进而产生购买行为的一种新型营销策略。

概念营销是对产品赋予新的概念以迎合消费者的需求。概念营销有以下几个特点:

1. 感性

概念营销适合于对生活不断追求的消费者,通过制造区别于其他产品的亮点,给产品套上美丽的光环,吸引不同的消费者的注意。根据马斯洛的需求理论,人们的生理需要日趋满足,这时的心理需要就显得特别突出,人们也逐渐由对商品的物质性的追求转向对附加价值的追求。产品的核心并不在于产品的物质本身,其内涵的功能取向、价值理念、时尚观念、文化内涵和科学知识等提供了新的消费取向。

2. 创新性

概念营销是以一种崭新的观点和思维方式,对消费者的消费习惯提出新的改变。在产品的功能上做出创新,赋予产品新的内在意义。一定程度上反映了当时社会的时尚。例如,随着对环境保护意识的加强,绿色营销已经逐渐深入人心,追求人与自然的和谐,在人们的生活中日益体现出来。

3. 风险性

作为一种新概念,是对传统的、常规的概念的突破,因而它具有试探性和尝试性。是否能够吸引消费者的注意力,得到消费者的认同,在众多的商品中脱颖而出,需要依赖企业不断的努力和持之以恒。由于大多是新产品的开发,是否能在较短的时间内收回成本成为企业非常关注的因素。

三、概念营销的目的和优势

(一)概念营销的目的

概念营销的目的是使消费者形成对新产品及企业的深刻印象,建立起鲜明的功用概念、特色概念、品牌概念、形象概念、服务概念,以增强企业的竞争性实力。概念营销源自现代营销适应消费和创造需求的功利主义本质,在攻城略地、抢占市场的竞争中发挥急先锋和号角作用。

(二)概念营销的优势

概念营销相对于传统营销来说有以下三个优点:

1. 观念促导,先声夺人

新产品上市之前,概念营销首先为消费者传递新的消费观念和消费方式,提供商品信息。概念营销给商品创造能与消费者心理吻合的概念,就是给产品打上美丽的光环,通过晕轮效应使产品在一定市场环境下受到消费者的欢迎。如农夫山泉宣传其产品为来自千岛湖的源头活水,自然成为消费者健康饮品的首选。

2. 有利于缩短市场进入时间,加大投资回报率

概念营销从产品的新、奇、美、特、便利等特征宣传入手,为消费者提供了新的选择。消费者可以在理性思考之中接受新的消费观念,一旦新产品上市,消费者的潜在需求会转化为现实购买活动,这就大大缩短了新产品拓展市场的时间。

3. 有利于验证并调整营销决策,促使新产品尽善尽美

新产品开发和市场选择正确与否,能否拥有较大的市场份额,取决于消费者接触概念营销后对产品印象的深浅及好坏评价。这既可为企业开发新产品提供信心力量,又可作为改进产品、调整营销策略的基本依据。

四、概念营销实施的基本思路

营销概念首先是理念新。理念创新就是挖掘消费者的潜在需求，从而在某一方面更突出地满足消费者的要求。

其次是诉求新，只有新的营销概念才能更加吸引消费者。

最后，概念营销也可以通过体现商品功能的新颖独特来提升商品的竞争力。

概念营销必须是企业市场营销策略、消费需求及产品利益三者的结合，否则概念是毫无意义的。只有这样，才能最终启动市场消费的狂潮。比如农夫果园"喝前摇一摇"概念的提出，既突出企业高浓度果汁的营销策略，又突出了饮料中富含30%混合果汁的利益点，同时也对接了消费者对于高浓度果汁的需求，很好地引导了市场的潮流，创造了全新的果汁市场的消费潮流。

1. 针对消费者心理，创造需求

开拓市场概念营销的根本目的在于，根据消费者需求、产品的特点率先推出一个概念，在消费者心中树立起该产品区别于同类产品的利益点，有利于目标群体接受这个概念，从而发生购买行为。

2. 开发新的消费方式

引导新的消费潮流成功的企业往往提出新的消费理念，改变消费者的一些消费习惯，促使消费者对新产品的试用。奥利奥饼干的扭一扭、舔一舔、泡一泡的趣味饼干吃法，广受儿童消费者的欢迎，迅速成为中国销量最高的奶油夹心饼干品牌之一。

参考文献

[1] 刘利兰.市场营销调查与预测[M].北京:经济科学出版社,2012.

[2] 科特勒.市场营销管理[M].2版.梅清豪,译.北京:中国人民大学出版社,2002.

[3] 波特.竞争优势[M].陈小悦,译.北京:华夏出版社,2005.

[4] 杰恩.市场营销策划与战略案例[M].6版.贾光伟,译.北京:中信出版社,2003.

[5] 吴健安.市场营销学[M].4版.北京:高等教育出版社,2012.

[6] 郭国庆.市场营销学通论[M].5版.北京:中国人民大学出版社,2013.

[7] 陈和钦.市场营销理论与实务[M].北京:北京理工大学出版社,2012.

[8] 那薇.市场营销理论与实务[M].北京:北京大学出版社,2013.

[9] 马连福.现代市场调查与预测[M].北京:首都经贸大学出版社,2002.

[10] 吴泗宗.市场营销学[M].4版.北京:清华大学出版社,2012.

[11] 晁钢令.市场营销学[M].上海:上海财经出版社,2003.

[12] 胡春.市场营销案例评析[M].北京:清华大学出版社,2008.

[13] 王学东.营销策划:方法与实务[M].北京:清华大学出版社,2010.

[14] 费朗.营销一点通 顶级营销策划思想[M].北京:中国商业出版社,2002.

[15] 纪宝成.市场营销学教程[M].北京:中国人民大学出版社,2009.

[16] 万后芬.现代市场营销[M].北京:中国财政经济出版社,2012.

[17] 陈祝平.品牌管理[M].北京:中国发展出版社,2005.

[18] 欧阳卓飞.市场营销调研[M].北京:清华大学出版社,2006.

[19] 金萍华.实用广告学[M].南京:东南大学出版社,2006.

[20] 李健.国际市场营销理论与实务[M].大连:东北财经大学出版社,2006.

[21] 景奉杰.市场营销调研[M].2版.北京:高等教育出版社,2010.